信頼と卓越の戦略

勝手に売れていく人の秘密

清水康一朗 著

マーケティングと営業〈7＋7〉の法則

Optimization
Front-end and Back-end
Sales Funnel
Strategic Joint Venture
Risk Reversal
Future Pacing
Strategy of Preeminence

Trust Pyramid
Rapport
Building Trust
Identifying Needs
Presentations
Closing
Psychology of Achievement

ダイヤモンド社

はじめに

本書を手にしていただき、ありがとうございます。

あなたは、もしかして、こんな不安や悩みを持ってはいませんか？

・年々売上が低下しているが、どうしたら良いのか……
・商品やサービスを売れば儲かると思っていたのに、最近さっぱり儲からない。何か問題があるのだろうか……
・商品開発に力を入れ、商品ラインナップを充実させたのに、以前よりもお客様の反応が悪くなってしまった……

・苦しい状況を打開するために何か新しい展開を考える必要があるが、手元資金もないし、融資してくれる銀行もない……
・商品にはとても自信があるのだけれど、お客様に申し込んでいただけない……
・資料請求をしてくれるお客様、無料体験セミナーに参加してくれるお客様は多いのに、契約に結びつかない……
・独立したらもっとお金持ちになれると思っていたのに、それほど儲からない。客観的に考えても、自分くらいの能力やスキルがあれば、もっと儲かってもいいはずなのに……

あるいは営業の場面でこんな悩みを持ってはいませんか。

・勤務態度は人一倍真面目だし、訪問件数も営業部でトップなのに成約率はいまひとつなので、どうがんばっていいのかわからない……
・人見知りで初対面のお客様とうまく話せない。会話は弾まず、チャンスがあってもそれを生かせないので営業が嫌いになりかけている……
・人と話すのが得意。さまざまなジャンルの話題に精通し、知識も豊富。商品やサービスについてのトークも抜群なのに営業成績が上がらない……

• お客様は欲しそうな素振りを見せているのに、クロージングしようとすると「検討します」で終わってしまうという悔しい営業が続いている……

• お客様が「欲しい」と言っていたのに、プレゼンテーションの段階になったとたん「やっぱり、今回はちょっと様子を見ようかな」と言われ、ショックで立ち直れない……

• クロージングが苦手、できればやりたくない。いざクロージングになるとつい逃げ出したくなってしまう……

• 自他ともに認める勉強家。暇さえあればビジネス書や雑誌を読みあさり、セミナーや社外勉強会、ビジネス交流会にも積極的に参加。しかし残念なことに、成果はいっこうに上がらない。もともと営業の素質とか才能がないから、「何をやっても無駄」と思い始めた……

もし、こうした不安な悩みをお持ちなら、本当にラッキーです。
なぜなら、この本に出合えたからです。
本書は、こうした不安や悩みにすべてお応えします。

従来の方法では、スムーズに儲けるのがむずかしい時代になりました。

世界的な金融不安、為替変動、増税などの影響もあり、現状を維持したとしても、手にするお金が減っていく可能性が大いにあります。

そうしたなか、いまあらためて、本質的なマーケティングと営業を学ぶ必要があります。

マーケティングと営業。この二つを身につけることで、不安定な時代にあっても、これまで以上に収益を上げることができるはずです。

本書には、世界中で支持されている「マーケティングの神様」、「営業の神様」の知恵がぎっしりと詰まっています。

マーケティングを教えてくれるのは、ジェイ・エイブラハム。

あなたの会社の売上を爆発的に伸ばし、利益を増加させ、収入を倍増させる天才マーケッターです。

三〇年間にわたり、ビジネスオーナー、経営者から、マーケティングや、セールスのプロまで、多くのビジネスプロフェッショナルにコンサルティングを行ってきた人物。個人コンサルタントとしては、間違いなく世界ナンバーワン級の実績を持っています。

それは、彼のコンサルティング料も証明しています。

「一時間のコンサルティング料、六〇万円」

「一日のコンサルティング料、四八〇万円」

金額もまさしく、トップクラス。それでも、この桁外れの額を支払い、彼のコンサルティングを必要とするクライアントが世界中に大勢いるのです。


そして、営業を教えてくれるのは、ブライアン・トレーシー。世界最高クラスの営業コンサルタントです。ブライアンのプログラムは世界四六ヶ国、五〇〇万人にのぼるセールスマンが受講し、世界中のトップセールスマンを数多く育成してきました。

世界中のビジネスマンが学び、多くのミリオネアを輩出した、ジェイの「マーケティングの極意」、そしてブライアンの「営業の叡智」を、本書ではそれぞれ七つに厳選し、わかりやすく解説しました。

本書を読まれる方が、お客様に感謝され、信頼を得て収益を上げる力を育み、混迷の時代に勇気を持って海原に旅立ち、大きな成果をあげられることを願ってやみません。

二〇一二年三月

清水康一朗

本書に寄せて

かつてない変化と困難の時代を生きる

いつの時代も、どのような経済環境でも、どの市場においても、変化と困難はつきまとうものですが、恐らく現代のそれは、かつてないほどのレベルです。しかし、同時に人類史上なかったほどのチャンスにあふれた時代です。ある人は成功し、ある人は失敗します。ある会社は生き残っていきますが、ある会社は消えていきます。そして、その違いを生み出すものは、変化する環境への適応能力と、時代を経ても変わらない原則を現在に適用する能力によるものです。たとえば、信頼や卓越性、思いやりやサービス精神といった原則は、時代を超えて必要とされる、人生やビジネスの成功における最高位の原則と言えます。

ここで重要なことは、変化や困難を乗り越え、成功する上で「あなたがそれらの原則を学び、変化し、効果的に実行する能力は、最も大きな戦略的優位性となる」ということです。ただ「変化」するのではなく、正しく「変化」しなければなりませんし、ただ「実行」するのではなく、正しく「実行」しなければなりません。そして、もし我々が、正しいやり方で正しいことをしたいのであれば、正しいタイミングで、正しい人から学ばなければなりません。幸運なことは、それがまさに今で、そしてその成功のカギとなる本書をあなたはすでに手に取っている、ということです。

実行することは、アイデアそのものよりも何千倍もの価値がある

この本は、「単なるアイデア」についての本ではありません、「結果」についての本なのです。そう、時を経て、アイデアを行動に変えてきた多くの人々や企業によって、何度も何度も達成されてきた「結果」についての書籍なのです。

現実世界における、歴史が証明してきた戦略、世界中の何百万人もの人々や企業を高収益にし、より健全に、拡張性のあるものにしてきた戦略であり、今までもそしてこれからも効果的な成果実証済みの戦略なのです。この本に収集された深い洞察に基づく付加価値情報は、マーケティングとセールスのマスター達による「作品」ともいえるものです。

我々の人生には、ちょっとした違い、ちょっとした決断が人生のすべてを変えてしまうような瞬間が存在しています。そうです、今こそが、その瞬間であり、この本の中にあなたが取るべきアクションがあるのです。

さぁ、ページを開き、あなたの旅を始めてみましょう。

スパイク・ヒューマー
エイブラハムグループ　元ＣＯＯ
（現スパイク・ヒューマー・インターナショナルＣＥＯ）

本書の推薦者の方々

多くの卓越と称されるマーケッターが最も影響を受けた思考は何か？

多くの有能と呼ばれるセールスマンが最も学習したノウハウは何か？

その二つの答えを知るには、最もその答えの近くにいるのが誰かを知ることに等しい。

それは、ジェイ・エイブラハムのセミナーを最も多く開催し、ブライアン・トレーシーのコンテンツを最も多く所有する著者である。

この二人の巨人から最も多くを学び、自身のビジネスで実践することで効果を証明したばかりか、コンテンツを提供することによって無数の成功事例が今もなお創造され続けている。

この事実がある限り、思考が影響され、ノウハウを学び、新たな成功事例を手にするのは本書を手にしたあなたに他ならない。

株式会社パジャ・ポス　代表取締役　池本克之

私はこれまで二五年間ブライアンと共に仕事をしてきた。その間、私はいくつものビジネスを立ち上げ、成功に導くことが出来た。今では豊かで、健康で、幸せな人生を歩んでいる。ブライアンが伝えていることは普遍的で原則に基づいている。それは数えきれないくらい多くの方々や企業の実績から証明されている。この本を手にとる貴方が、書かれているメッセージを真摯に受け止め、行動を起こすことを願っている。そして、貴方が成功を手に入れることを。

ブライアン・トレーシー　インターナショナル代表　イブ・モラー

ジェイもブライアンも大事な友達であり、この道の天才なのです。売上を向上させる気付きを与えてくれるに違いない。

『お金の科学』著者　ジェームス・スキナー

私は起業するまで「机の上で学ぶことはない、すべての学びは現場にある」と思っていました。そんな時出合ったのがブライアン・トレーシーのビデオセミナーでした。それがきっかけで机の上の学びを大切にするようになり、従業員教育にも力を入れ、業績を向上させ、会社を上場させることまでできました。そして、今のリーダーズアカデミーを始めてからリーダーシップに関する独自プログラム『上司学』を開発しましたが、ジェイ・エイブラハムの「マーケティングとはリーダーシップである」という教えにより、私の『上司学』にも更に厚みが増し、シンガポールと日本をはじめ、アジアを中心に各企業様の業績向上に貢献することができました。

リーダーズアカデミー代表　嶋津良智

ジェイは私のビジネスを変え、ブライアンは私の人生を変えた。ワールドクラスのリーダー達から学んでいなければ、間違いなく今の私はいない。この書に登場する人物達の教えや考え方は、あなたのビジネス、そしてあなたの人生に幸福と豊かさをもたらすであろう。

サクセスリソーシス　グループCEO　リチャード・タン

日本の勤勉な起業家たちには大いなる可能性が秘められている。設定された限界を取り払った時、世の中が大きく変わることと信じている。本書に書かれている教えを愚直に学び、実践することで、貴方のビジネスに飛躍的な発展をもたらすことを切に願っている。

ジェイ・エイブラハム

私が長年伝えてきた内容は多くの人に学ばれ、一〇〇を超える国々で企業に導入され、数えきれないほどのビジネスや人々の生活に良い影響を与えてきた。私は私自身の失敗と成功から学んできた。それにも増して、ベストと言われる人たちから、ベストと言われる知識を学んできた。日本の精神を表す『武士道』もその一つ。この本を通じて、少しでも日本の人達に恩返しをしたい。

ブライアン・トレーシー

目次

第7章 達成の心理学

Part1

第1部

ジェイ・エイブラハムのマーケティング

厳選された7つのコンセプト

本書は、マーケティングと営業から構成されています。

第一部で、あなたにとっておきのマーケティングを授けてくれるのは、ジェイ・エイブラハムです。あなたの会社の売上を爆発的に伸ばし、利益を増加させ、収入を倍増させるスーパーマーケッターです。

彼は、四七〇業種、一万二〇〇〇社以上のクライアントに対し、計測できているだけで七〇〇〇億円以上の売上増加を生み出しました。

各業界の著名人や世界各誌は、ジェイ・エイブラハムについて、以下のように評しています。

「ジェイ・エイブラハムは、企業の規模にかかわらず最前線で活躍する、世界的な戦略家だ。彼こそが真のマーケッターである。」（「世界No．1コーチ」アンソニー・ロビンズ）

「ジェイは、あなたのビジネスの収益をより増加させる方法を知る、世界的権威だ。」（「世界No．1スピーカー」ブライアン・トレーシー）

「ジェイは、ジャック・キャンフィールドと私に、『心のチキンスープ』を執筆するきっかけとなった、二つのキラー・コンセプトを授けてくれた。うまくいったか？　その判断はあなたに任せよう」（シリーズ通算一億三〇〇〇万冊以上のセールスを記録した『心のチキンスープ』の著者マーク・ヴィクター・ハンセン）

「ジェイは、マーケティングにおける指導者の中の指導者だ。私が知る誰よりも、お金を生む方法をたくさん知っているマーケティングの天才である」（ミリオネアメーカー・ハーヴ・エッカー）

「これまでの伝統的なコンサルティングの世界からはかけ離れて、クライアントに対するマーケティング戦略を提案する。そして、彼は富を生み出す」（『USA today』）

「ジェイ・エイブラハムの得意技とは『ど素人の会社をマーケティングや営業の魔法使いに変身させること』である」（『Forbes Magazine』）

彼が他のコンサルタントと違うところは、経験によって蓄積された莫大な知識にあります。四七〇業種を超えるクライアントに対峙することによって、彼は、一つのビジネスを多様な切り口から見る視点を養いました。

彼の著書にはこんな記述があります。

「アイスクリームが発明されたのは、紀元前二〇〇〇年。ところが、人間がアイスクリームコーンを考え出したのは、それから三九〇〇年も経ってからだ。

パンは紀元前二六〇〇年にはすでに焼かれており、人間はそのはるか以前から肉を食べていた。にもかかわらず、人間が初めてこの二つを合体させてハンバーガーをつくったのは、それから四三〇〇年も後のことだった。

近代的な水洗トイレがつくられたのは一七七五年だが、その八二年後の一八五七年になってやっと、トイレで使うトイレットペーパーが考え出された。

どれも、いったん結び付けてしまえば、もっとものばかりである。実に当たり前で、もっと昔からなかったのが不思議なくらいだ。

しかし、このように相互に結び付けられていないものが、世の中には無数に存在する。」（『ハイパワー・マーケティング』金森重樹監訳・インデックス・コミュニケーションズ）

あなたのビジネスにも、間違いなくこのような隠れた資産があるでしょう。

それらを紐づけ、最小の努力で最大の利益を生む天才が、ジェイ・エイブラハムなのです。

ジェイ・エイブラハムが約三〇年間でクライアントに生み出した売上は、前述したとおり、七〇〇〇億円以上にのぼりますが、すべてはジェイの頭脳から生まれたアイデアがその源になっています。

しかも、その戦略は決して小難しいものでも、学術的なものでもありません。

どの会社にでも適用できる、非常にシンプルな戦略ばかりです。

たとえば、ある家具屋は、店の条件を一切変えずに、お客様が入ってくるときに店員が「声をかけるあいさつを変えた」だけで、売上を三倍に伸ばしました。

それは、「今日はどの広告をごらんになって当店にお越しいただきましたか」という声がけでした。

店員は事前にどのような広告が出ているかを知っているので、広告内容から、顧客がどのようなニーズを持って来店しているかが推測できます。すると単なる売り込みから、専門家として顧客のニーズを満たすためのお手伝いができるようになるのです。

このように、普段見落としがちなちょっとした行動やしぐさの中にも売上を上げるヒントが隠れていることをジェイは教えてくれます。

では、これからジェイ・エイブラハムが蓄積した「シンプルだけれども効果絶大」な七つのコンセプトについてお話ししていくことにしましょう。

第一部を読み終えたころ、あなたはマーケティングについて、大きな気づきを得ているはずです。

※ジェイ・エイブラハムについて詳しくは、http://jayabraham.jp/

Part1

第1部

ジェイ・エイブラハムのマーケティング
厳選された7つのコンセプト

第1章

Chapter1

オプティマイゼーション

Optimization

売上アップに悩むな

写真館を経営していた田中さんは、年々売上が低下することに悩んでいました。

最近ではデジタルカメラの低価格化が進み、性能もアップしています。またプリンターの普及により、一般家庭でも手軽に写真の印刷ができるようになりました。素人でも簡単に、きれいな記念写真を撮影することができるようになった今、入学や卒業の思い出として写真館で写真撮影をする人がどんどん減っているのです。

しかも二〇一一年三月一一日には、東日本大震災という大災害に見舞われました。実際に大きな被害を受けた東北地方はもちろん、日本全体に自粛ムードが広がり、卒業や入学の記念写真を控える人が増えました。そのため、田中さんの写真館も大打撃を受けたのです。

切羽詰まった田中さんは私のもとを訪れました。そして、

「このまま仕事がなければ倒産してしまう。いったいどうやったら売上をアップできるんだ」

と頭を抱えたのです。私は田中さんに、

「売上をアップしようと悩んでも、良いアイデアは浮かびませんよ」

とアドバイスしました。

「売上」というのは決算書に出てくる概念にすぎず、実体がありません。そのため「売上」をアップしようと思っても、具体的なアクションにつながらないのです。

「売上」は決算書上の概念にすぎない

「売上」は決算書上の概念にすぎないというのは、どういうことでしょうか。決算書に売上の数字はありますが、その数字は実体を伴いません。売上を実際に見たり、触ったりすることは誰にもできないのです。

実体がない限り、売上をアップしようと思っても、その数字を増やす具体的なアクションを起こすことはできないでしょう。

実際、「売上はどうやったら上がると思いますか？」

と質問しても、

「広告宣伝に力を入れればいいのではないでしょうか」

「良い商品を開発することが大切だと思います」

「お客様との信頼構築に力を入れるべきです」

「誠実に仕事をしていればお客様はきっとついてきてくれます」などの曖昧な答えしか返ってきません。そしてその曖昧な施策を何となく試みても、売上は決して上がらないのです。

その結果、多くの会社は「売上アップ」に悩み、もがき続けているわけです。

「売上」は顧客数、単価、購買頻度から計算されるデータ

それでは「売上」とは、どんな数字なのでしょうか。

実は「売上」とは、「顧客数×単価×購買頻度」のかけ算で計算されるデータに過ぎません。

このことを理解すれば、「どうしたら売上がアップするのか？」と悩むのは時間の無駄だと分かるでしょう。売上をアップしたいなら、「どうしたら顧客数が増えるのか？」、「どうしたら顧客一人当たりの購入単価が上がるのか？」、「どうしたら顧客一人当たりの購買頻度を増やせるのか？」と考えなくてはならないのです。

そして顧客数や単価、購買頻度は実体を伴う、数えられる数字ですから、それを増やすための施策はいろいろと考えられます。

たとえば配布するチラシの数を増やす、お客様を訪問、電話する回数を増やす、お客様に新しいお客様の紹介をお願いする、などの努力をすれば、顧客数を増やすことができるでしょう。

マクドナルドなどのファストフード店でハンバーガーを注文した人に対し、「ご一緒にドリンクはいかがですか。ポテトはいかがですか」と尋ねたり、コーヒーショップで大きなサイズのコーヒーを販売したりすることは、単価アップにつながっています。高級レストランで「お食事によく合うワインはいかがですか」と勧めるのも、単価を上げる施策の一つです。

また、ポイントカードや期間限定のクーポンを渡すことは、購買頻度の増加につながります。ファストフード店でコーヒーのサービス券やポテトのサイズアップ券をもらったり、レストランで割引券をもらったりしたことで、ついもう一度店に足を運んでしまった経験を持つ人は少なくないでしょう。家電量販店のポイントカードを持っていれば、その店で買い物をする回数は自然に増えていきます。

このように、顧客数アップを目指すのか、単価アップを目指すのか、それとも購買頻度のアップを目指すのかを明確にすれば、そのための具体的な施策を打ち出すことはそれほど難しくはありません。

たとえば写真館を経営する田中さんも、顧客数を増やそうと考えれば百貨店や大型商業施設などに出店することを検討できるし、単価を上げようと考えれば写真の額装や写真集の提案を検討できるでしょう。購買頻度を上げるためには、記念写真を撮ったお客様に、次に記念写真を撮影するときの割引券やクーポン券を渡すことなどが検討できます。

しかもその施策を実行した結果、顧客数が上がったのか、単価が上がったのか、購買頻度が上がったのかは、目で見て確認できます。目的が明確であれば、施策がぶれることはありません。

そしてその施策こそが、売上という実体のない数字をアップさせる方法に他ならないのです。顧客数、単価、購買頻度をアップするという目的が達成できれば、結果として決算書上の「売上」は必ず上がります。

この売上の秘密に気付ければ、売上をアップさせるのは意外と単純な話であり、それほど悩む必要がないことが分かるでしょう。

本当だったら稼げていたかもしれない収入を得られるようにしよう

「売上＝顧客数×単価×購買頻度」という概念を生み出したのが、ジェイ・エイブラハムというマーケティング業界の有名人です。

ジェイはさらに、オプティマイゼーション（最適化）という理論も合わせて提唱しています。オプティマイゼーションというのは、簡単に言えば「本当だったら稼げていたかもしれない収入を得られるようにしよう」という理論です。

たとえば一〇〇〇人のお客様が単価一〇〇円の商品を月に二回買うとすると、その店の一ヶ月の売上は、

一〇〇〇人×一〇〇円×二回＝二〇万円

となります。

しかし、この店主が「顧客数、単価、購買頻度をそれぞれ一〇％くらいずつなら上げられるかもしれない」と考えていたとしたら、どうでしょう。試算してみると、

（一〇〇〇人×一・一）×（一〇〇円×一・一）×

図1　オプティマイゼーション

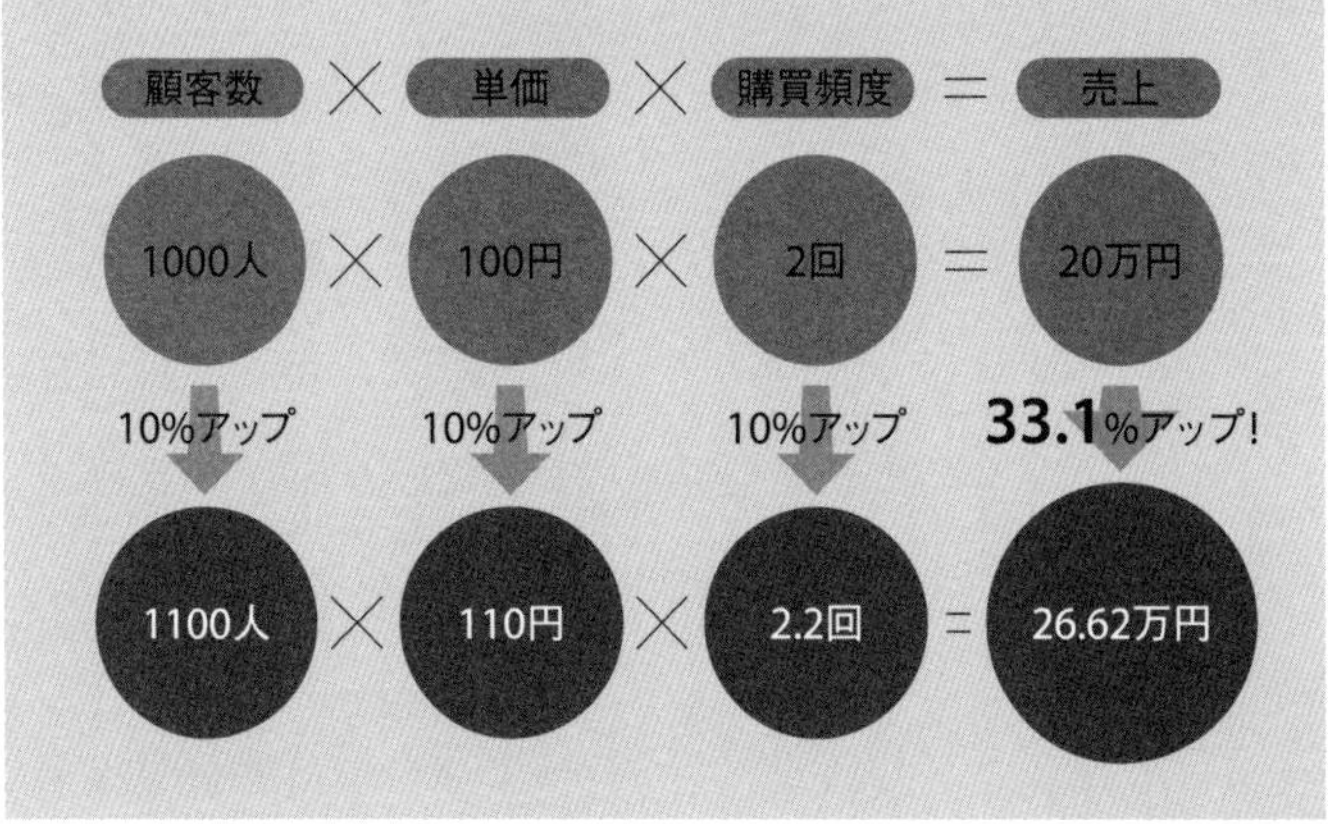

（二回×一・二）＝二六万六二〇〇円

となり、なんと三〇％以上の売上アップになることが分かります。

つまり、各項目を一〇％ずつ最適化していくことにより、全体としては三〇％以上の売上アップになるわけです。売上を三〇％上げようと思うとたいへんですが、部分、部分を一〇％ずつくらいなら上げられそうな気がするのではないでしょうか。

本来なら三〇％くらいの売上アップは簡単にできるのに、売上をアップしようと考えたばかりに実現できない人は少なくないのです。「売上＝顧客数×単価×購買頻度」という概念を理解し、各項目を一〇％ずつ上げることで売上アップを実現しようと考えてみてください。そのほうがストレスがかからないし、非常に大きな効果が得られるはずです。

さらに言えば、頑張ってお客様を三三％増やし、単価を二五％増やし、購買頻度を五〇％増やすと、売上は一五〇％もアップします。もちろん、一〇〇〇人のお客様を一三三〇人に、一〇〇円の単価を一二五円に、そして月に二回の購買頻度を三回にするのはたいへんなことですが、決して不可能な数字ではありません。

オプティマイゼーション（最適化）が売上アップにどれほど大きな影響力を持つか、お分かりいただけるのではないでしょうか。オプティマイゼーションの理論を理解し、顧客数、単価、購買頻度を上げる施策を実行しましょう。試行錯誤を重ねるうちに、本来だったら稼げていたかもしれない収入を得られるようになるはずです。

今まで気付かなかった売上アップの解決策を見つけよう

オプティマイゼーションの理論を実践するもう一つのメリットは、自らの秘めている可能性をいろいろと試すことができる点です。

たとえば単価や購買頻度を上げる余地が十分に残っているにもかかわらず、そうした視点を持たないが故に顧客数の増加にばかり目を向けるのは、非常にもったいないことです。

もちろん顧客数を増やすのは大切なことですが、新規顧客の開拓はかなりの労力を要します。もしもそんな手間ひまをかけずに単価を一〇倍にできるなら、その施策を実行しない手はないでしょう。

「そんなことはできるはずがない」と思うかもしれませんが、それは今まで「単価を上げる」という視点がなかったからかもしれません。「どうしたら単価を上げられるか」という視点を持てば、本来、お客様が求めている商品やサービスに気付くこともあるでしょう。

「今まで一回しか買ってもらっていなかったけれども、二回目、三回目に買ってもらうにはどうしたらいいか」という視点を持つことで初めて、購買頻度を上げることも可能になるのです。

たとえば不動産会社であれば、不動産を売ったお客様の購買頻度は一回限りであり、購買回数を増やすことなどできないと思い込んでいるかもしれません。しかし、新しい土地で生活を始めるお客様はいろいろな情報を必要としているケースがあります。

その地域の家具屋だったり、電話回線を引いてくれるNTTの代理店だったり、レンタルグリーンサービスを行っている花屋だったり、お客様が必要としているサービスは意外とあるでしょう。年月が経てば安心してリフォームを任せられる業者が必要になるかもしれません。

そうしたサービスを提供する業者と提携し、受注できるようにしておけば、購買頻度のアップにつながります。それに引っ越し時の面倒で雑多な手続きを不動産会社が一手に引き受けてくれたとなれば、お客様は「困ったことがあったらあの不動産会社に相談してみよう」という気持ちになるでしょう。ビジネスチャンスはさらに広がるはずです。

こうした施策は「不動産の売買は一回限り」と思い込んでいるうちはなかなか出てきません。オプティマイゼーションの理論を知り、顧客数、単価、購買頻度をそれぞれ最適化するという視点を持つことで初めて、今まで思いもよらなかったアイデアが浮かぶのです。

オプティマイゼーションの理論は、ビジネスを設計するときの土台といっても過言ではないでしょう。

単価を上げる勇気を持てるか？

「売上＝顧客数×単価×購買頻度」という公式、オプティマイゼーションの理論を理解しても、単価を上げることに躊躇する人は多いでしょう。「単価を上げたらお客様が商品を買ってくれなくなるのではないか」と考えるわけです。

しかし、単価アップをためらう必要はありません。

もちろん商品やサービスは現状のまま、値札だけを変えたなら、それを購入するお客様は減るでしょう。でも商品やサービスに単価のアップに見合うだけの付加価値をつけることができれば、お客様は今まで通り、商品を購入してくれるはずです。

つまり単価アップに必要なのは、単価を上げる勇気ではなく、自らの商品やサービスを改善し、さらなる価値を付加する覚悟なのです。

「うちの仕事で単価を上げることなんて絶対にできない」という人もいるでしょう。ジェイのセミナーに参加していた映像制作会社の経営者も「映像制作の仕事は業界相場が決まっているから、単価をアップできない。どうしたらいいんだ」という話をしていました。

企業のプロモーションビデオとして五分から一〇分程度の映像を納品している会社で、企業のプロモーションビデオのクオリティなんてそれほど変わるものではないし、お客様の購買頻度が増えるわけでもない。制作期間も決まっているから、お客様の数も限られてしまう。顧客数、単価、販売頻度、いずれもアップすることができない、というわけです。

そんな彼にジェイは次のような質問をしました。

「君がお客様に提供しているものは何なんだ？」

撮影し、編集した映像をお客様に届けているという彼に、ジェイは、

「いや、違う。君がやっているのは、その映像を見たお客様のお客様が魅力を感じて何かを購入するようにすることだ」

と答えました。

さらに、ドリルを買う人はドリルそのものが欲しいわけではない、穴が欲しいのだ、君のお客様も映像そのものが欲しいのではなく、映像によって売上がアップすることを望んでいるはずだ、と説明したのです。

そして最後に「もしも君が届けている映像が本当に魅力的で、お客様のブランド力を高め、売上をアップするものなら、売上に伴うロイヤリティ収入を得るような提案をしたらどうだろう」とアドバイスしました。

その後、その映像制作会社のビジネスは「映像を使ったプロモーションのコンサルタント」に変わりました。それまでは「映像撮影料」「編集料」という項目しかなかった請求書が、「映像コンサルティング料」「映像編集プロダクション料」そしてそれに伴う「ロイヤリティ」という請求書を提出するようになり、見事に売上アップを果たしたのです。

この映像制作会社のように、本来稼げるはずの収入を稼いでいない会社はたくさんあるでしょう。今のビジネスでは顧客数、単価、購入頻度のいずれも上げようがないと思っていても、自分では気付いていない隠れた資産が必ずあるのです。

その隠れた資産に気付くためには、「売上＝顧客数×単価×購買頻度」という売上の秘密を理解することはもちろん、いろいろな業種で実践されている施策を知ることが大切です。いろいろな業種の人が集まるセミナーに参加し、自分とは違う業界の人たちの話を聞いてみるといいでしょう。

自分の業種では思いもよらなかった施策が、他業種で当たり前のように行われているのを見たり、聴いたりすれば良い刺激となります。そこから新しいアイデアが浮かぶことで、本来稼げるはずだった収入を稼げるようになるのです。

売上の柱を増やして事業の安定化を図ろう

事業を安定化するためには、今持っている商品やサービスに関してオプティマイゼーションを行い、本来なら稼げていたはずの収入を得られるようにすることが大切です。

しかし、それで十分というわけではありません。いくら売上が倍増しようとも、それだけを頼りにビジネスをするのは危険でしょう。さらに事業を安定化させるためには、「売上＝顧客数×単価×購買頻度」の式を増やす必要があるのです。

たとえば携帯電話を販売するなら、携帯カバーを商品のラインナップとして追加します。すると売上は、

売上＝（携帯を買う顧客数×携帯の単価×携帯の買い替え頻度）＋（カバーを買う顧客数×カバーの単価×カバーの買い替え頻度）

となるでしょう。

「売上＝顧客数×単価×購買頻度」の式を増やせば増やすほど、事業は安定化するのです。

ジェイはこれを「パルテノン戦略」と呼んでいます。

パルテノン神殿が未だに倒壊することなく、ギリシャのシンボルとしてその姿を残しているのは、柱が多くて安定した構造をしているからです。ならばビジネスも売上の柱をできるだけ増やし、パルテノン神殿のように安定化した事業構造をつくるべきでしょう。

一本の大黒柱で建物全体を支えているような事業構造でビジネスをしていたら、その大黒柱が倒れたときに建物全体が倒壊してしまいかねません。

私たちの会社も「セミナー」だけでなく、「広告」や「会員事業」という売上の柱をつくっています。最近では「企業研修」を始め、さらに売上の柱を増やしました。

図2　パルテノン戦略で事業を安定化

売上の柱を増やすと
パルテノン神殿のように
事業が安定化
売上の柱が1本では
万一柱が折れたら
倒産しかねない

いつ何時、何本かの柱が倒れてしまうような事態が発生するかもしれません。そのときに会社全体が倒壊することのないよう、現状に満足することなく、柱を増やし続けることが大切なのです。

まとめ

Summary

本当だったら
稼げていた
かもしれない収入を
得られるようにする

売上は
決算書の概念に
過ぎない

売上の柱を増やし、
安定した
事業構造をつくる

第2章

Chapter2

フロントエンドとバックエンド

Front-end and Back-end

とにかく売れば儲かると思っていた…

コンサルティング会社を営んでいる井上さんは、独立したばかりの頃、相場よりもかなり低い金額で仕事を請け負っていました。その結果、たくさんのお客様から仕事の申し込みをいただくことに成功したのです。

井上さんは「これくらい多くのお客様と取引が始まれば、今後も何らかのビジネスが生まれるだろう」と喜びました。数年後にはサラリーマン時代の何倍もの収入が得られるだろうと、期待に胸を膨らませたのです。

ところが、三年経った現在、井上さんは独立時に思い描いていた生活とは、ほど遠い生活をしています。確かにお客様からの申し込みはたくさんあるけれども、ただ忙しいだけでなかなか儲かりません。

井上さんは私のもとを訪れ、

「これならサラリーマンとして働いていたときのほうが収入も安定していたし、ストレスも少なかった…。独立したのは間違いだったのでしょうか？」

と言ったのです。私はそんな井上さんに、

「井上さんのビジネスはフロントエンドとバックエンドで設計されていますか。もしもバックエンドがないなら、儲けることはできません。まずは自分がお客様に提供できるバックエンドの商品を設計してみてください」

とアドバイスしました。

儲かるビジネスは必ずフロントエンドとバックエンドで成り立っています。その設計ができていない限り、いつまで経っても、どんなに頑張っても、ビジネスで儲けることはできないのです。

永続するビジネスはフロントエンドとバックエンドで成り立っている

「とにかくお客様が増えて申し込みが増えれば儲かると思っていたけれど、何年経っても思うような利益が上げられない」というのは、独立した人からよく聴く悩みの一つです。

こうした悩みは、ビジネスがフロントエンドとバックエンドで成り立っていることを理解することで解決するでしょう。フロントエンドとは、お客様が最初に購入する安くて手軽な商品、サービスのことを指します。そしてバックエンドとは、高額で、その会社にとってもっとも収益を生む商品のことです。

たとえば初めて知ったコンサルティング会社に、いきなり年間のコンサルティング料は五〇〇万円です、と言われても、申し込むお客様はまずいないでしょう。五〇〇万円の効果があるか分からないし、コンサルタントの人柄も分からないからです。

そこで、最初は一ヶ月間無料で相談を受けたり、コンサルタントが持っているノウハウの一部を小冊子にして渡したり、低額のセミナーを開いたりして、年間五〇〇万円のコンサルティングを申し込む前の入り口をつくります。

この場合、コンサルティングを申し込むための入り口がフロントエンド、年間五〇〇万円のコンサルティングがバックエンドとなるわけです。

会社の収益の軸はもちろん、バックエンドの商品です。バックエンドで圧倒的な収益を実現することで、ビジネスが安定し、成功すると言えるでしょう。

しかし実際には、フロントエンドの商品だけでビジネスを成り立たせようとしている企業が少なくありません。こういう企業がまさに「申し込んでくれるお客様はたくさんいるけれどもなかなか収益が上がらない」という悩みを抱えているのです。

まずは、ビジネスはフロントエンドとバックエンドで成立することを理解しましょう。もしも「なかなか収益が上がらない」と感じているなら、自分には高額で安定した収益を生むバックエンドの商品が必要であると認識するべきです。

このしくみのメリットは、企業が利益を上げることだけではありません。お客様が本当に欲しい商品やサービスにめぐりあうためのしくみでもあります。

低価格のフロントエンドの商品を提供することで、お客様には気軽に試してもらえます。そのうえで、気に入った人に本格的なバックエンドの商品を提供できるのです。

これは七章でお話しする「卓越の戦略」に通じるものです。フロントエンドという入口と本格的なバックエンドを用意することで、お客様の「本当はこういう商品が欲しかった」「本当はこういうサービスを受けたかった」という願いをかなえて差し上げることができます。同時に、企業にとっては本当に大切なクライアントとの出会いを実現できるのです。

バックエンドの最大の効果は利益に現れる

アメリカにセミナーやイベントを運営するラーニング・アネックスという会社があります。この会社は以前、エクセルをはじめとするソフトの使い方セミナーやプレゼンテーションのセミナーなど、参加費数千円程度のセミナーを多数行い、年に三〜四億円の売上を上げていました。

しかしあるとき参加費二〇万円の教育パッケージを開発し、大型コンベンションの形式で全国ツアーを繰り広げて大々的なプロモーションを行った結果、売上は一気に一〇四億円まで伸びたのです。

しかもセミナーを提供する側からすれば、参加費数千円のセミナーでも、二〇万円のセミナーでも、作業の手間ひまは変わりません。会場と講師を用意し、参加者に集まってもらえばセミナーは開催できるでしょう。そう考えると、どちらの収益性が高いかは言うまでもありません。

すなわち、バックエンドを設計するときのポイントは、

・フロントエンドの商品とほとんど変わらない労力で提供できて、
・お客様にとっての価値は高まっていて、
・収益性の高い

商品やサービスを設計することなのです。

これらのポイントを満たすバックエンドは、あなたに時間的、金銭的な余裕をもたらしてくれるでしょう。豊かな生活を送りたいのなら、バックエンドのビジネスをやらないわけにはいきません。

もしも一〇〇〇円のフロントエンドの商品だけでビジネスを行うとしたら、たとえその商品が月に一〇〇〇人に売れたとしても、ひと月の売上は、

一〇〇〇円×一〇〇〇人＝一〇〇万円

しかないのです。しかも一〇〇〇円の商品の利益率は数％程度であることが多いので、純粋な利益としてはどんなに多く見積もっても五〜一〇万円いくかどうかです。これでは安定した生活は望めません。

しかし、もしも一〇万円のバックエンドの商品があって、月に一〇人はそれを購入するとしたらどうなるでしょうか。バックエンドの売上は、

一〇万円×一〇人＝一〇〇万円

となり、全体の売上は、

一〇〇万円＋一〇〇万円＝二〇〇万円

で、いきなり二倍になります。しかもバックエンドの商品は、フロントエンドの商品とほとんど変わらない労力で提供できるので、高い利益率を確保できるはずです。

図3　「損して得取る」のフロントとバックの設計

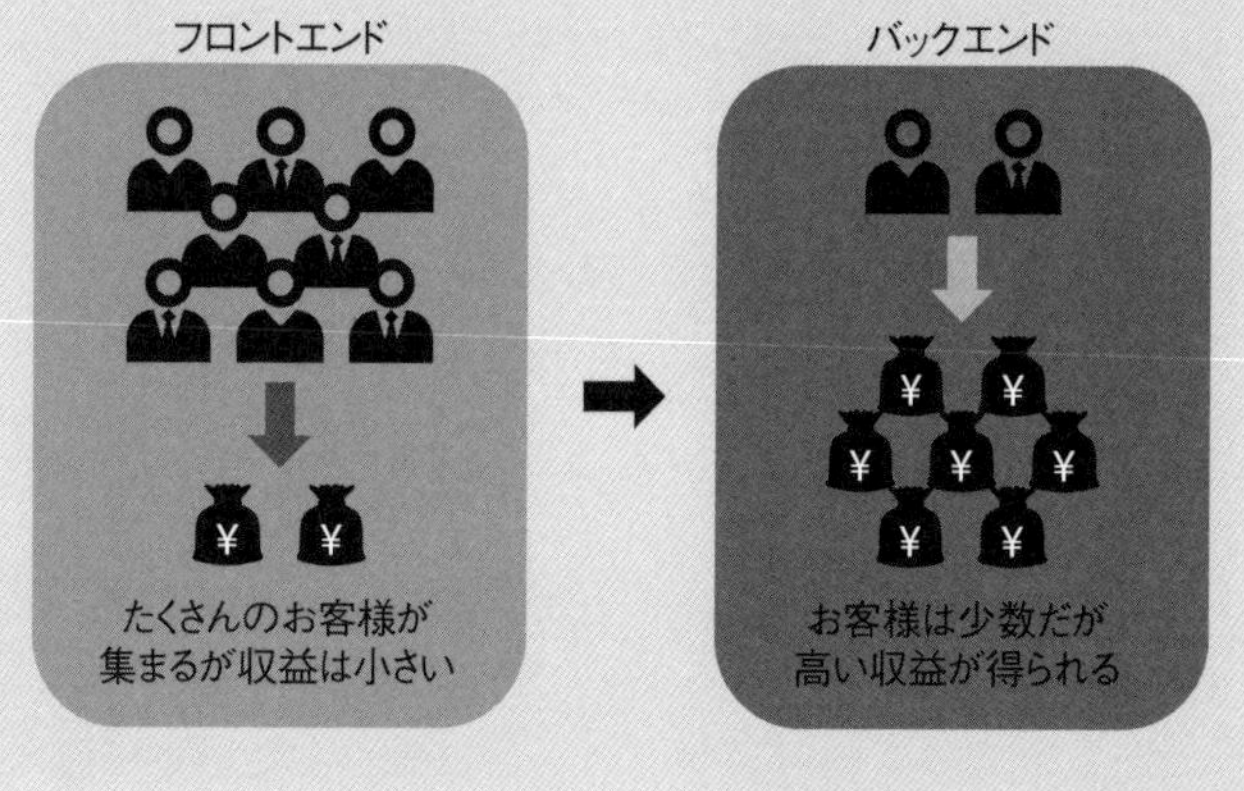
フロントエンド
バックエンド
¥
たくさんのお客様が
集まるが収益は小さい
お客様は少数だが
高い収益が得られる

実際、フロントエンドで一〇〇〇人の顧客対応をするよりも、バックエンドで一〇人の顧客対応をするほうが、手間ひまはかからないでしょう。フロントエンドとバックエンドでは、利益率が圧倒的に違うのです。

たとえば、バックエンドの売上の五〇%が利益とすると、全体の利益は、

五万円＋五〇万円＝五五万円

となります。つまり売上としては二倍だけれども、利益としては五〜一〇倍以上になるのです。

この数字からも、儲けるためにはバックエンドが不可欠であるということが、はっきりとお分かりいただけるのではないでしょうか。

しかもバックエンドのビジネスを設計するのは、それほど難しいことではありません。

今の時代、人々の趣味はニッチな方向に進んでいます。ニッチな商品でもクオリティが高く、自分のニーズにマッチしているものであれば、高いお金を払うでしょう。バックエンドの商品、サービスは設計しやすくなっているのです。

フロントエンドで圧倒的な集客を実現する

バックエンドの商品やサービスで圧倒的な収益を上げることは、とても重要です。とはいえ、いきなり高額なバックエンドの商品を売ろうとしても、それを購入してくれるお客様はほとんどいないでしょう。

そこで大切なのが、フロントエンドの商品でその分野に興味のある人を多数集めること、つまり、安くて購入しやすい商品で見込顧客を集めることです。そしてその中からバックエンドの商品に価値を感じ、高い代金を払ってくれるお客様を見つけ出すのです。

たとえばどんなに素晴らしい茶器でも、それを一〇〇万円で買おうと思う人はなかなかいません。しかし、有名な○○先生が入れたお茶を味わえるお茶会に一〇〇〇円で参加できるとなれば、興味を示す人は少なからずいるでしょう。たとえ○○先生のことを知らなくても、お茶には多少興味があるから参加してみようと考える人はいるはずです。

そして実際にお茶会に参加すると、○○先生がどんなに素晴らしい人であるかを知ることになります。一部の参加者は、○○先生の教えを受けたことでお茶に対する興味が深まり、お茶の道を究めたいと考えるかもしれません。あるいは、自分も○○先生のように優雅にお茶を楽しみたいと思う人もいるでしょう。

そんな人たちに対して「○○先生にお茶の入れ方を指導してもらえるお茶会があります。○○先生も愛用されている茶器をお持ち帰りいただけて、参加費は一〇〇万円です。限定○名様なので、ぜひお申し込みください」と勧めたとしたら、どういう反応が返ってくるでしょうか。

おそらく、「○○先生に直接お茶の入れ方を教えてもらえるなんて、なかなかできない経験だ。しかも○○先生が使っているものと同じ茶器を手に入れられるなら、一〇〇万円を出す価値は十分にある」と考える人が出てくるはずです。

そしてその中の何人かは、バックエンドの商品である一〇〇万円の茶器を購入してくれるでしょう。フロントエンドのステップを踏むことによって、バックエンドの商品に価値を見い出し、高い代金を支払ってくれるお客様が生まれるわけです。

「興味関心を持つ見込み客を集めて、バックエンドの商品を売る」というフロントエンドの役割を理解すれば、自ずとビジネスの設計ができてきます。

フロントエンドとバックエンドが両方とも存在するのはもちろん、両者が結びついていなくてはなりません。フロントエンドのビジネスには、見込顧客の興味関心を深めるような工夫が必要でしょう。圧倒的な集客をした上で、その見込顧客にバックエンドの購入に至るまでの教育を施すことが大切なのです。

たとえば弁護士や税理士などが無料相談、低額相談を受けるのもフロントエンドのビジネスに他なりません。無料や低額で困っているお客様の相談に乗ることで自らの価値を伝え、バックエンドである専門書籍の販売や企業顧問の就任に結びつけているわけです。

フロントエンドで圧倒的な集客を実現し、その見込み客の一部にバックエンドを購入してもらうという構造をつくれるかどうかで、そのビジネスが生き残れるかどうかが決まるといっても過言ではありません。

取引のフォークで多くのお客様とのきっかけをつくる

フロントエンドとバックエンドの理論をさらに発展させたのが、ジェイの「取引のフォーク」という概念です。

フォークは独特な形をしているから、スパゲッティはフォークのどこかに絡みます。ビジネスもフォークのようにいくつかの段階を持てば、お客様はそのどこかに引っかかるだろうというのが、取引のフォークという名前の由来です。

簡単に言ってしまえば、安いフロントエンドの商品と中核の商品、高額のバックエンドの商品をあらかじめ設計して、さまざまな選択肢を用意しておきなさい、ということです。

いきなりバックエンドの商品を購入してくれなくても、安いフロントエンドの商品があれば、取引が始まるでしょう。バックエンドの商品に興味を持っている見込顧客であれば「いきなりこれは申し込めないけれども、まずはこれを試してみよう」となります。

そしてさらに中くらいの価格帯の商品があれば、次のステップに進みやすくなります。たとえば五〇〇〇円のフロントエンドの商品の次は一〇万円のバックエンドの商品という選択肢しかなければ、フロントエンドのステップで立ち止まってしまう人が多いでしょう。

しかし一〇万円の商品の一部が一万円で体験できる中核商品があれば、多くの人が次のステップに進むはずです。そうなればバックエンドまで進む人は自然と増え、多くの収益を上げられるようになります。

たとえば普通なら気後れしてしまう高級レストランでも、「ランチ一五〇〇円」という看板を見たら「このくらいなら、一度入って見ようか」と思います。見込顧客としてフロントエンド、つまりフォークの下段に引っかかるわけです。

そしてランチを食べてみて食事や店の雰囲気を気に入れば「良いレストランだな。ディナーを食べにきてみたいな」と考えるでしょう。そこで五万円のコースだけでなく、一万円のコースを用意しておけば「一万円くらいなら今度来てみよう」と思う人は少なくありません。

一万円のコースを試したお客様のなかには、そのレストランが気に入って何度となく通ってくれる人もいるでしょう。なかには「今日は○○のお祝いだから奮発して、五万円のコースに一〇万円のワインも頼もうか」というお客様も必ず出てきます。そしてバックエンドの商品が見事に売れるわけです。

すなわち、安いランチをきっかけにレストランとお客様との取引が始まり、一万円のコースという中核の商品を経て、バックエンドの商品である高級コース、高級ワインの取引に辿り着くのです。もしも五万円のコースしかなければ、一五〇〇円のランチで我慢しておこうというお客様が大半ではないでしょうか。

できることなら、フロントエンドとバックエンドに加え、中核の商品もラインナップに加えるべきでしょう。

バックエンドありきでフロントエンド、中核商品を設計する

ただしフロントエンドも中核商品も、バックエンドの商品ありきであることを忘れてはいけません。まずは自分が売りたいバックエンドの商品を設計し、それを購入してもらうための中核商品、フロントエンドの商品を設計しなくてはならないのです。

ところが、多くの企業はまずフロントエンドをつくってから中核商品をつくり、最後にバックエンドの商品を設計しようとします。独立時に安いコンサルタント料でお客様を集めたのはいいけれど、何年経ってもまったく儲からないというのは典型的な例と言えるでしょう。

要するに、独立した井上さんが本来やるべきだったのは、自分のバックエンドを設定し、その価値を多くのお客様に伝えることだったのです。すなわち「本来なら私は年間五〇〇万円でこういうノウハウを提供できますが、みなさんのお役に立てるよう、特別に一〇〇〇円で相談を受けています」とアピールして、フロントエンドの見込顧客を集めなくてはならなかったのです。

「私はまだ駆け出しのコンサルタントなので一〇〇〇円で相談を受けます」というのと「本来は年間五〇〇万円のコンサルティング料をいただきますが、今回だけは特別に」というのとでは、お客様が受ける印象はまったく違うでしょう。

加えて一〇〇〇円のサービスを提供する本人の意識も、「自分は駆け出しで一〇〇〇円しか受け取っていないから、一〇〇〇円分だけ頑張ればいい」と考えるのか、「年間五〇〇万円の価値を認めてもらえるよう、全力で価値提供をしよう」と考えるのかでは、大きく変わります。後者の考え方をする人のほうが、責任感を持って仕事に取り組み、大きな価値を生み出せることは、言うまでもありません。自分の価値を高めるためにも、バックエンドの設計からスタートするべきでしょう。それが結局はお客様のためになるのです。

ちなみにジェイは、セミナーをスタートした当初からコンサルティング付きのセミナーの参加費を三〇〇万円に設定していました。自分のノウハウの一部を無料のＣＤや小冊子で配布することで、フロントエンドの見込顧客を集めていたのです。

ジェイは常々「大いなる目的のもとでビジネスをしなさい」と言っていますが、お客様にとって本当に必要な価値のあるものという確信がある前提で、最終的にこれを売りたいというバックエンドが明確になっているからこそ、フロントエンドの安価な商品や無料サービスが生きてきます。

バックエンドがないままフロントエンドだけでビジネスをしている限り、たくさん売れてはいるけれども、忙しいだけでまったく儲からないという悩みを解決することはできないでしょう。

くれぐれも、この戦略が単なる儲けのテクニックだとは思わないでください。フロントエンドとバックエンドを用意することで、自社の商品やサービスを心から喜んでいただけるクライアントとの出会いを実現し、双方にとってウイン・ウインの関係を築くことができるのです。

まとめ

Summary

儲かるビジネスは
フロントエンドと
バックエンドで
成り立っている

フロントエンドと
変わらない労力で、
大きな収益を
上げることができる
バックエンドを
設計する

フロントエンドと
バックエンドを
用意することで
お客様は
本当に欲しい商品や
サービスと
めぐりあえる

第3章

Chapter3

セールスファネル

Sales Funnel

商品が増えるにつれ、お客様の反応が悪くなってきた…

教育事業を手がける佐藤さんは、サラリーマン時代から優秀なビジネスマンでした。常に新しいアイデアを思いついては、いろいろな商品をお客様に提供してきたのです。

独立してからもその優れた企画力でさまざまなセミナーや研修を開発し、お客様に喜ばれてきました。

頭に浮かんだ企画を商品化したり、いろいろな商品を仕入れたりしていると、フロントエンドにはたくさんの見込顧客が集まります。

ところが商品の数が増えるにつれ、バックエンドまで到達するお客様の割合はしだいに減っていったのです。しかも最近では、二回、三回とセミナーに参加してくれるお客様も減ってきました。

一生懸命働けば働くほど収益が上がらなくなる佐藤さんは、自分が何をやっているのかよく分からなくなってしまいました。

そしてとうとうあるお客様に「あの新しいセミナーは何なんだ。まったくなっていない」と叱られてしまい、

「自分はいったい何のために仕事をしているのだろう」

と、ため息をついたのです。

私は落ち込んでいる佐藤さんに、

「お客様がどういうプロセスを踏んでセミナーや研修に申し込んでいるのか、十分に把握していますか。そのプロセスを理解しなければ、正しいセールスファネルを設計することはできません。バックエンドの商品がなかなか売れないのは、正しいセールスファネルが設計できていないことが原因ではないでしょうか」

と声をかけました。

正しいセールスファネルがあればバックエンドの商品は売れる

バックエンドの商品は明確になっていて、それを売るためのフロントエンドも用意してある。フロントエンドの集客力も決して悪くないけれども、なぜかバックエンドまで到達するお客様がいない、ということに悩んでいる人も多いでしょう。

住宅展示場に来場してくれるお客様はたくさんいるのに、誰も住宅建築を申し込まない住宅メーカーは、その典型的な例です。

その場合、正しいセールスファネルを設計することで問題を解決できるケースがほとんどです。

セールスファネルのファネルとは、じょうご、漏斗という意味の言葉で、液体や粉体を口径の小さな容器に移し替えるときに使う道具のことです。セールスファネルとは、潜在顧客がフロントエンドで何らかの申し込みをして見込顧客となり、見込顧客がバックエンドの商品を購入してリピート顧客になっていくステップを表したもの、と考えればいいでしょう。

つまり、その会社や商品をまったく知らない人がメルマガやホームページ、チラシ、新聞や雑誌の広告を見てその会社、商品の存在を知り、潜在顧客になるところから、フロントエンドで申し込みをして見込顧客となり、見込顧客がバックエンドの商品を購入して購入顧客となり、購入顧客が二回、三回と商品を購入してリピート顧客になるという流れを設計したものを、セールスファネルと呼ぶのです。

セールスファネルには、潜在顧客が一〇〇〇人いるとしたら、一〇〇〇人のうちの三〇〇人が見込顧客になり、三〇〇人のうちの三〇人が購入顧客になって、三〇人のうちの三人がリピート顧客になるという顧客数の流れも含まれます。

要するに、セールスファネルの設計がバックエンドを購入してくれるお客様、リピートしてくれるお客様の割合を決定し、お客様からいただく申し込みの数を決定するのです。

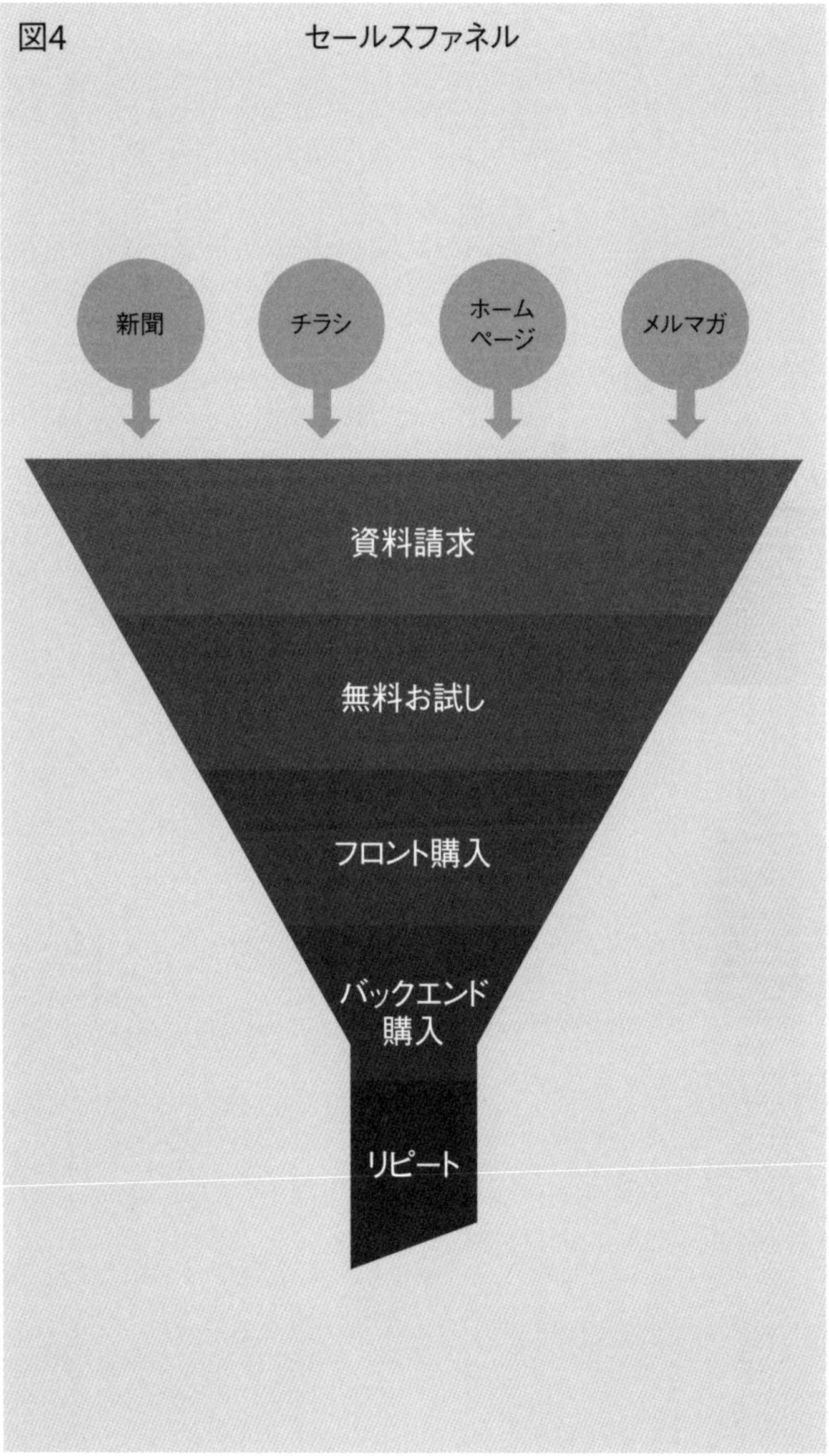
図4
セールスファネル
新聞
チラシ
ホーム
ページ
メルマガ
資料請求
無料お試し
フロント購入
バックエンド
購入
リピート

たとえば図5－Aのように、潜在顧客の多くがリピート顧客になるような注ぎ口が太いセールスファネルを設計できた会社は、多くの収益を上げることができるでしょう。ファネルの入り口の口径と出口の口径の差が小さければ小さいほど、収益性の高いセールスファネルと言えます。

一方、図5－Bのように、リピート顧客のステップに到達する人がいないようなセールスファネルしか設計できない会社は、どんなにたくさんのセールスファネルを持っていようとも、まったく収益を上げることができません。いろいろな商品を仕入れては場当たり的なプロモーションでたくさんの見込顧客を集めるけれども、次のステップに進んでくれるお客様はいない場合、図5－Bのようなファネルの形になるでしょう。

商品のアイデアや企画はどんどん浮かぶけれども、どの商品もバックエンドまで申し込んでくれるお客様がいないという佐藤さんは、まさにこのパターンなのです。

セールスファネルは量より質

もちろんセールスファネルをたくさん持つことは問題ではありません。ファネルをいくつ持つかは会社の規模や業種によって異なるでしょう。

たとえば社員数一〇〇人の会社で、社員一〇人でつのファネルを機能させられることが分かっているなら、一〇個のファネルを持つべきです。

パルテノン戦略にもある通り、売上の柱は多い方が事業は安定化します。ファネルをたくさん持つほど、リスクは低減されるでしょう。

しかし人数の少ない会社なら、ある分野に特化して注ぎ口の太いファネルを設計するべきではないでしょうか。窓口にきたお客様にはこういう対応をすれば申し込みをいただける、なおかつ、申し込んだ見込顧客の八〇％はリピート顧客になってくれるというセールスファネルが設計できれば、楽に収益を上げて効率よく事業を成長させることができるでしょう。

そこで無理をしていくつもセールスファネルを持

図5　収益性の高いファネルと低いファネル

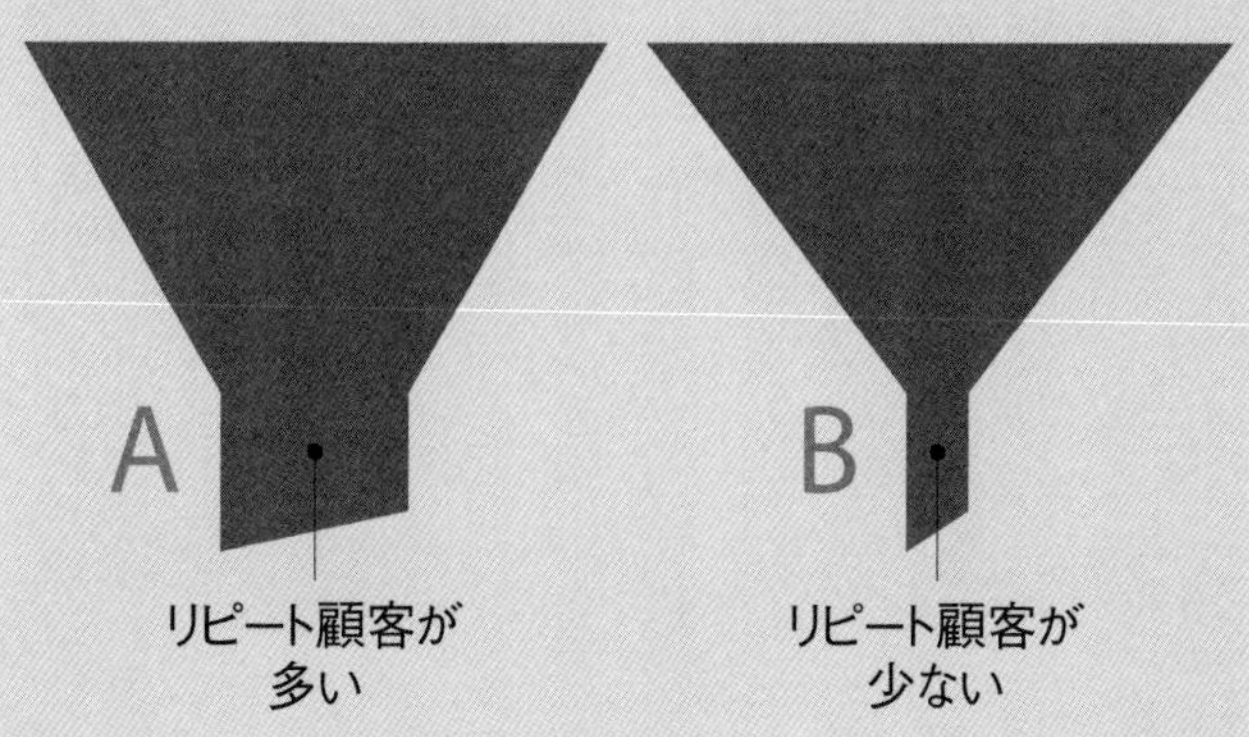

てば、ファネルの質が低下します。一つひとつのファネルから得られる収益は小さくなり、事業の成長は望めません。あのビジネスもうまくいかなかったけれど、このビジネスもうまくいきそうもない、他に楽に儲かるビジネスはないだろうかとなってしまい、会社の経営はいつまで経っても苦しいままです。

要するに、ビジネスから得られる収益を決定するのはセールスファネルの数ではなく、その質・形なのです。最初に設計するセールスファネルがいかに大切か、お分かりいただけるでしょう。

お客様の視点に立って、お客様の体験を設計する

それでは質の高いセールスファネルを設計するには、どうしたらいいのでしょうか。

いちばん大切なのは、お客様の視点に立って、お客様の体験を設計することです。当たり前に思うかもしれませんが、売る側の視点でセールスファネルを設計してしまっている会社は少なくありません。

たとえばある住宅メーカーは、そのメーカーが主催する住宅の展示会に来場したお客様は見込顧客とみなし、次のステップで商談を行うというファネルを設計していました。

しかしそのセールスファネルの流れに従って展示会に出かけ、商談に進み、住宅建設を注文してくれるお客様はどのくらいいるでしょうか。

お客様にしてみれば、いきなり展示会に参加するのは勇気が必要でしょう。確かに実際の住宅が見学できるのは嬉しいけれど、その前にホームページでいろいろな情報を確認したいと思うかもしれません。

来場者名簿に名前と連絡先を書かされてあとから電話がかかってくるのが嫌だから、展示会には参加しないという人も少なからずいるはずです。

そうしたお客様が会社の設計したセールスファネルに従って、注文まで到達することはあり得ないのです。

しかしながら、お客様が住宅を建築したいと思っていることは確かですから、お客様の立場で考えれば、もっとスムーズに注文まで到達するセールスファネルは必ず見つかるでしょう。

たとえば展示会に来場した人全員の連絡先をもらうのではなく、小冊子を送って欲しい人の住所だけ記入してもらうとか、取付家具の配置を変えたときのイメージ図や別のメーカーの家具を入れたときの比較検討用資料が欲しい場合だけ連絡先を記入するなどの配慮をすれば、展示会に来場してくれるお客様は多くなります。

それに、本当に住宅建築を検討している見込顧客であれば、自分が知りたい情報、必要な情報を得るために個人情報を記入することは厭わないでしょう。その見込顧客だけに改めてダイレクトメールを送り、見積書の作成を提案するというファネルになっていれば、その流れに従って注文まで到達する人も出てくるのです。

お客様がリピート顧客になるための四つのステップ

セールスファネルを設計するときには、会社や商品のことを認知していないお客様→（1stステップ）→潜在顧客→（2ndステップ）→見込顧客→（3rdステップ）→購入顧客→（4thステップ）→リピート顧客［→潜在顧客に紹介→（2ndステップ）→見込顧客→…］というサイクル、四つのステップを意識するといいでしょう。

つまり1stステップで会社や商品を認知するきっかけをお客様に与え、2ndステップでお客様の顧客情報を入手して見込顧客にし、3rdステップでお客様に申し込んでもらって初回の取引を行うわけです。そして4thステップで何度も取引を繰り返し、リピート顧客になってもらいます。リピート顧客が周囲の人たちに会社や商品の話をすることで、新しい潜在顧客が生まれるでしょう。

とはいえ、四つのステップだけでセールスファネルが完成するとは限りません。とくに見込顧客から購入顧客になる3rdステップでは、たくさんのプロセスが必要になるはずです。

セールスファネルを完成させ、より洗練させるためには、自らのビジネスに合ったステップやプロセスを「加える」、「なくす」、「修正する」、という三つの作業が必要になります。

たとえば不特定多数のお客様に「無料説明会に来ませんか」というチラシを配っても、説明会に参加してくれるお客様はほとんどいないでしょう。メールマガジンに登録したお客様に「五万円のセミナーに参加しませんか」というメッセージを送っても、いきなりその商品を買ってくれる人はいないはずです。

図6　リピート顧客になるまでの4つのステップ

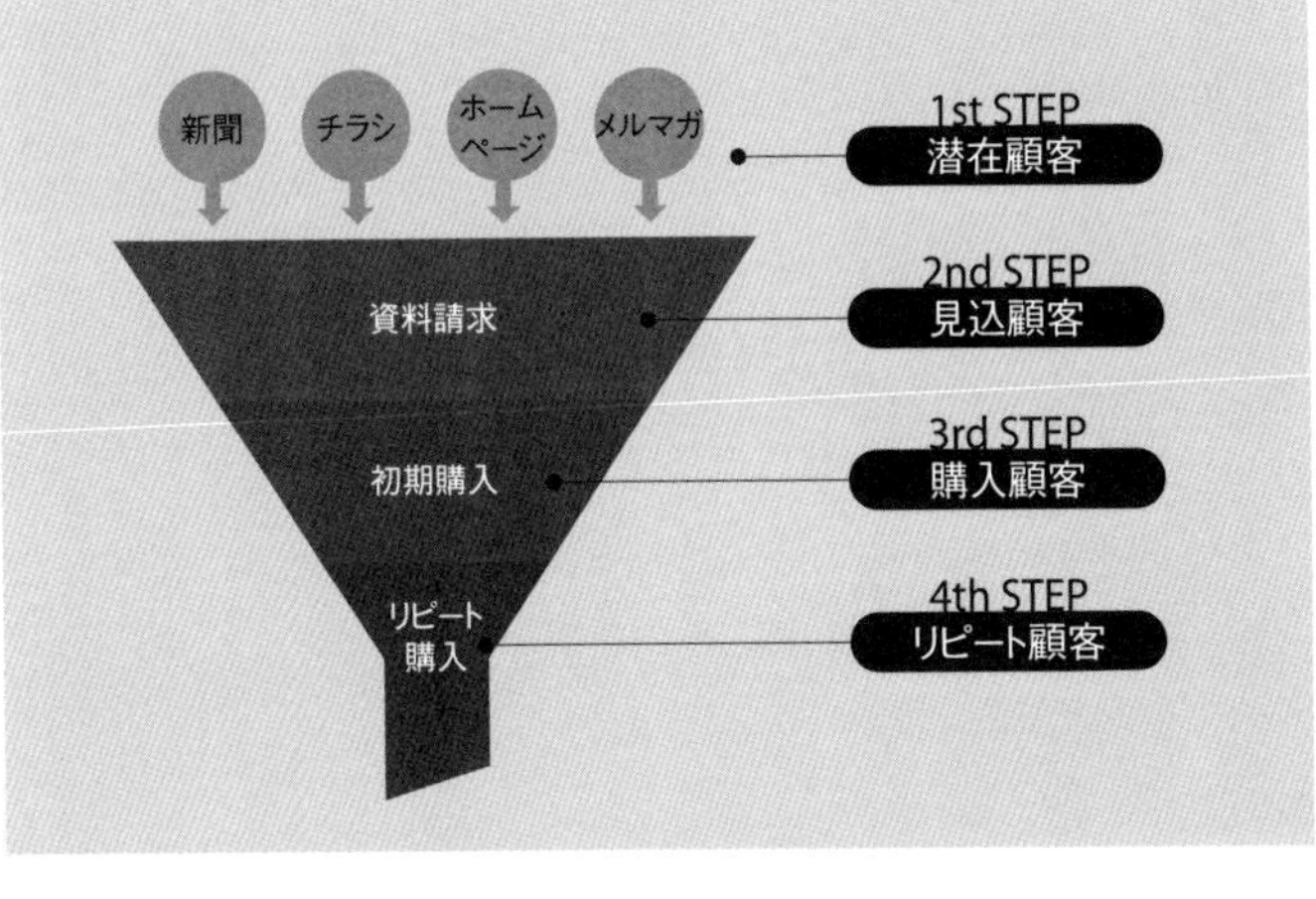

そこで無料説明会に来てもらう、あるいは商品を購入してもらう前のステップを「加える」のです。たとえば「無料説明会に来ませんか」というチラシを入れるかわりに、「興味のある方には小冊子をお送りしますので、住所を記入してポストに投函してください」というチラシを配布するとか、ステップメールと呼ばれる、連続的に送付されるご案内のメールを送ることで本当の見込顧客かどうかを判断するとか、さまざまなステップを加えることができるでしょう。

実際、私たちの会社が販売しているあるセミナーは、海外渡航費別で約七〇万円という高額な商品であり、パンフレットやPDFの形式で広告を配布しても、なかなか申し込んでくれるお客様はいませんでした。

そこで申し込みの前に「無料説明会」というプロセスを加えたのです。すると申し込み数は一気に三倍となりました。必要なプロセスを加えることは、申し込み数を増やすのに非常に効果があるのです。

とはいえ、プロセスは多ければいいというものではありません。

無料説明会に参加してくれた見込顧客に「次は〇〇の体験をしていただける説明会を用意しています」とか、「〇〇先生が特別に説明してくれる説明会があります」というステップを用意したら、「また説明会に足を運ぶのは面倒くさい」と感じるはずです。その結果、次のステップに進むお客様は減ってしまうかもしれません。

そうしたステップは「なくす」べきです。似たようなステップが二つあるなら、効果の低いほうをなくすべきでしょう。

ただし「全か無か」で考える必要はありません。たとえば「二一日間のステップメールは長過ぎるけれど、メールをまったくなくすのはどうも…」というケースもあるでしょう。その場合は二一日間のメールを一〇日間などに短縮します。それもステップを「なくす」事例の一つです。

もちろん似たようなステップがなくても、なくすことができるものは積極的になくします。それによってセールスファネルは洗練され、ビジネスの効率がアップするのです。

そして最後の「修正する」は、ステップの内容を変えてしまうことです。何らかのステップは必要だけれども、今のままでは効果が低いというステップはどんどん修正し、コンバージョンレートを上げなくてはなりません。

多くのお客様に会社や商品のことを知ってもらうこと、コンバージョンレートを上げてできるだけたくさんの人に商品の購入まで辿り着いてもらうことが、セールスファネルの重要なポイントなのです。

コンバージョンレートの高いセールスファネルを設計する

コンバージョンレートとはお客様が次のステップに進む割合のことで、当然のことながら数字が大きいほうが理想的です。コンバージョンレートが高いほどビジネスの効率はアップし、収益性が上がるでしょう。

要するにセールスファネルを設計し、洗練させていく作業は、コンバージョンレートを上げていく作業に他ならないのです。

ただし業種やステップによって、目指すべきコンバージョンレートは違います。たとえば証券会社の場合、投資セミナーを開催して参加者の一〇%が口座をつくってくれたら大成功と言われています。しかし、ダイレクトメールを送って一〇%のお客様から反応が返ってくることは、まずありません。〇・五%の反応があれば、まずまずといったところでしょう。

したがって、コンバージョンレートに関しては〇%という目標を立てるのではなく、去年の数字、前回の数字よりも大きくしていくことが非常に重要です。ステップを加えたり、なくしたり、修正したりして試行錯誤を重ねながら、コンバージョンレートの数字を改善していくことでしか、本当に正しいセールスファネルをつくることはできないのです。

まずは今まで、お客様がどのようなステップを踏んで商品やサービスの申し込みに到達していたのか、書き出してみましょう。

チラシを何枚配布して、何人のお客様に電話をかけた結果、説明会に参加したのは何人だったのか、何人が説明会で連絡先を記入して、何人が商談に進み、取引に至ったのは何人だったのか、ということを細かく書いてみます。大切なのは、ステップやプロセスごとにお客様の数をカウントし、実数として書き出すことです。

するとお客様の数がガクッと落ちているステップがあることに気づき、問題点が明確になるでしょう。ここがセールスファネルを修正するポイントとなるわけです。

たとえば最初のステップで、自分からは何の告知もせず、お客様がホームページを見てくれたことで潜在顧客が集まっていることが分かれば、そのステップで何らかのプロセスを加えることができます。潜在顧客が増えれば自然と見込顧客、購入顧客も増えていきます。

こうした検証と改善を各ステップでやっていくと、どの会社も驚くほど事業が安定し、儲かるようになります。自分のビジネスのセールスファネルを棚卸しし、改善するメリットは想像以上に大きいでしょう。

もちろんステップごとにお客様の数を計測し、データをとるのはたいへんです。そもそも人間というのは、前のデータと今のデータを比較したがらないものですし、セールスファネルという考え方がないうちはビジネスの定型パターンがないので、データを取りにくくなっています。

お客様がいきなりファックスで商品を申し込んだとか、ホームページの問い合わせフォームから申し込みがあったとか、場当たり的なプロセスでビジネスを行ってきた会社は少なくないのではないでしょうか。そういう形でビジネスを行っている時点でデータの計測は困難になりますし、どこを修正したらいいのかも分からなくなります。

その場合、まずはお客様から申し込みをいただく直前の最終プロセスを明確にしましょう。つまり正確なデータをとるために、お客様が電話で申し込むのか、ファックスで申し込むのか、あるいはメールや郵便で申し込むのかをはっきりさせるのです。そのプロセスがいくつかあるなら、プロセスごとにデータを計測する体制を整えます。

次に、購入顧客が必ず通過するプロセスを一つ設定します。申し込みはファックスでも、ホームページでも、電話でもできるけれども、その前に必ず無料説明会に参加しなくてはならないとか、資料やサンプルを請求しなくてはならないなどのプロセスを決めてしまうと、データの計測もファネルの修正もしやすくなります。

のぼりやすい低くて長い階段をつくる

セールスファネルを設計し、改善するときには、低くてのぼりやすい階段をつくることをイメージしましょう。

順調に階段をのぼっているお客様も、途中で壁のような高い階段に出会ったら、のぼることをあきらめて階段から離れていってしまいます。そこで低くてのぼりやすい階段をつくり、少しずつ、確実にのぼってもらうのです。

階段の途中でフロントエンドの商品や中核商品などを少しずつ購入してもらうことによって、お客様が気づかないうちにものすごく高いところまでのぼり詰めている、という階段を設計することができれば、効率よく収益を上げることができるでしょう。

図7　のぼりやすい低くて長い階段をつくる

低くて長い、のぼりやすい階段を
つくれば、お客様は少しずつ
ストレスなく申し込みや購入を続ける
急に高い商品になってしまうと、
お客様は申し込みや購入を
続けることができなくなってしまう

たとえばあるレストランでは、オーナー自らがお客様に毎月手紙を送るという施策をとっています。

「今月はこんなに珍しい素材が入りました。お越しいただければ特別メニューをご用意いたします」

「直接お会いしたことのある○○さんだけに、通常○○円のワインを○○円で提供します。この機会にぜひお試しください」

といった手紙が定期的に届くことで、お客様はお店に足を運ぶようになるでしょう。その度に少しずつお金を払い、店の収益に貢献してくれます。

その手紙が、お客様が階段を一つずつのぼるきっかけをつくっているのです。その手紙が届くことによって、お客様は無理なく、自然に階段をのぼり続けることができます。

華道や茶道などの教室も、長い階段を用意しているところが少なくありません。

「やってみたい」と思っていても、最初から高価な道具を購入しなくてはならないとなれば、階段をのぼり始める人はなかなかいないでしょう。そこで入門セットのような安価な商品を用意し、教室に入会しやすくしているのです。

そして入会した人には適切なタイミングごとに、

「生徒さんだけに特別価格で茶器を販売します」

「展示会に向けて新しい花器を用意されたらいかがですか」

などと、少しずつランクアップした道具の購入を勧めます。教室で華道や茶道を学び、より興味が深まった人であれば「このくらいの道具なら買ってもいいかな」と思うでしょう。

こうしてお客様は、自分でも気づかないうちに少しずつ階段をのぼっていくことになるのです。

しかも長い階段をのぼったお客様は、固定客化します。固定客が多いほど収益は安定しますから、固定客がたくさんいることがビジネスを成功させる秘訣といっても過言ではないでしょう。

長い階段をつくって固定客を増やせば、経済的なゆとり、時間のゆとりが生まれます。ぜひセールスファネルを改善し、お客様のために低くてのぼりやすい、長い階段を用意しましょう。

まとめ

Summary

セールスファネルは
量より質、形を
重視して設計する

データを計測し、
コンバージョン
レートの高い
セールスファネルを
目指す

のぼりやすい
低くて長い
階段をつくれば
固定客が増える

Part1

第1部

ジェイ・エイブラハムのマーケティング

厳選された7つのコンセプト

第4章

Chapter4

戦略的ジョイントベンチャー

Strategic Joint Venture

提携して売上を上げたいのだが…

陶磁器製造業を営む川本さんは、深刻な業績不振に陥っていました。

川本さんがつくる陶磁器は非常にクオリティが高いのですが、知名度もなく、なかなか注文もいただけないのです。

しかも日本人のライフスタイルが変化したり、海外から安価な製品が輸入されたりしていることで、注文は年々減るばかりです。

この状況を打開するためには何か新しい展開を考える必要がありますが、川本さんには自力で新しい事業を始める資金もなければ、融資してくれる銀行もありません。

自分たちだけでは何もできずに切羽詰まった川本さんは、どこかの会社と提携することを思いつきました。そしていろいろな会社に、

「私たちと一緒に、新しい事業を始めませんか」

という提案を持ちかけたのです。

しかし川本さんの必死な努力にもかかわらず、一緒に提携事業を始めようという会社はなかなか現れません。川本さんは落ち込んで、

「どこかの会社と提携するためにはどうしたらいいのだろう。うちの商品は品質には自信があるし、買ってくれたお客様だって満足してくれている。どこかと提携さえできれば、きっと売れるはずなのに…」

とため息をつきました。私は川本さんにひと言、

「どこかと提携するというのは、とても素晴らしいアイデアです。ただ一緒に事業を始めませんかというだけでは、残念ながら誰もついてきてくれません」

と言いました。

たしかにどこかの会社と提携するのは非常に魅力的です。しかしそれを実現するためには、相手が納得する事業プランがあることが大前提でしょう。その上で相手と信頼関係を築き、交渉を重ねることで、提携事業が実現するのです。

圧倒的な売上アップを目指すならジョイントベンチャー

ジェイは提携事業のことをジョイントベンチャーと呼び、圧倒的な売上アップを目指すときにもっとも効果的な施策としています。

実際、ジェイが過去にコンサルティングした企業の多くは大幅な売上アップを果たし、その総額は七〇億ドルに達していますが、その七割がジョイントベンチャーによってもたらされたと言われています。

この数字からも、ジョイントベンチャーがいかに強力な施策か、お分かりいただけるでしょう。ジョイントベンチャーは非常に魅力的であり、ぜひとも取り入れたい施策の一つなのです。

それでは、いったいどうすればジョイントベンチャーを実現させることができるのでしょうか。ジェイによれば、ジョイントベンチャーで提携できるのは基本的に「ホスト」と「ベネフィシャリー」です。

顧客リストを持ち、お客様を掴んでいるのがホスト、商品やサービスなど、お客様に売るコンテンツを持っている人がベネフィシャリーと考えればいいでしょう。身近な例でいえば、髙島屋や伊勢丹などの百貨店がホスト、そこに入っているテナントがベネフィシャリーとなります。

ホストとベネフィシャリーの提携が有効なのは、両者がバッティングしないからです。つまり、見込顧客は持っているけれども良い商品のないホストと、良い商品は持っているけれども見込顧客のないベネフィシャリーなら、お互いの強みと弱みを組み合わせることができ、双方の売上を上げることができるのです。

したがって戦略的ジョイントベンチャーを目指す場合、自分の資産がどこにあるのかを明確にすることが大切です。自分は多数の見込顧客リストを持っているのか、それとも見込顧客たちにとって魅力的な商品を持っているのか、そのどちらを持っているのかを明確にすることは、戦略的ジョイントベンチャーの大前提と言えるでしょう。

それを明確にしないまま、戦略的ジョイントベンチャーを成功させることはできません。顧客リストもなければ、商品も持っていないというのでは、ジョイントベンチャーの青写真もできないでしょう。なんのプランもなく「私と提携しませんか」とジョイントベンチャーを提案しても、誰も相手にしてくれないはずです。運良く提携させてもらえてもビジネスはうまくいかず、お互いにストレスを感じる

図8　ジョイントベンチャー

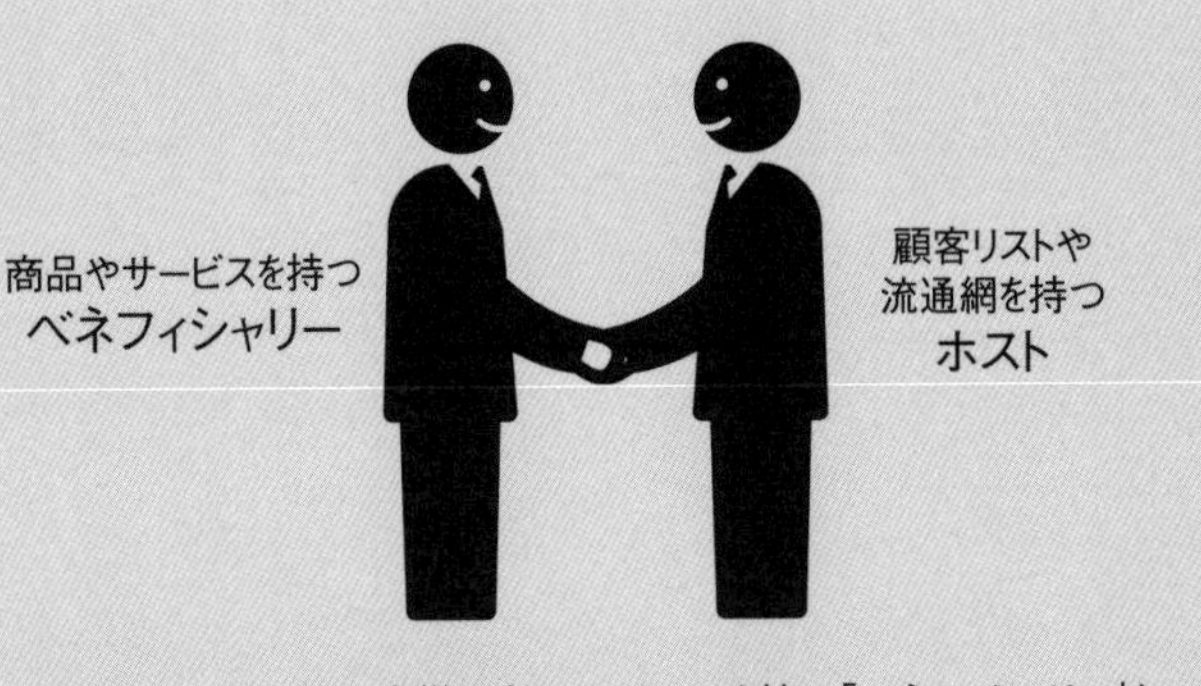

商品やサービスなどお客様に売るコンテンツを持つ「ベネフィシャリー」と、
顧客リストを持ちお客様を掴んでいる「ホスト」が提携

だけです。

ジョイントベンチャーで売上が三〇倍になったネイルサロン

表参道でネイルサロンを経営していた三石さんは、戦略的ジョイントベンチャーを成功させた一人です。

ジェイのセミナーに参加した三石さんは、売上を上げるために新しい顧客層を開拓しようと考えました。そしてそのための施策として、表参道とは客層の違う銀座で出店できないだろうかと考えたのです。

しかし、銀座に出店するにはかなりの資金が必要になります。それに老舗や有名ブランドの店舗が並ぶ銀座で新参者のネイルサロンが店を構えるのは、想像以上に難しいことです。

そこで三石さんは、美容室チェーンとのジョイントベンチャーを思い立ったのです。その美容室チェーンは雑誌でも紹介されている有名な店舗で、銀座にも店舗を持っています。

三石さんは美容室チェーンの経営者に、銀座店の一部のスペースにネイルサロンを出店させてもらえないかと話を持ちかけました。カラーリングやパーマが終了するのを待っているお客様にネイルのサービスをさせて欲しいといったのです。そして自分のネイルはクオリティが高く、表参道では人気を集めているからお客様には必ず喜んでもらえるだろうと説明し、売上はプロフィットシェアすることを約束しました。

交渉は難航しましたが、最終的には美容室チェーンの経営者もジョイントベンチャーの提案を受け入れ、三石さんは見事に銀座への出店を果たしました。

三石さんにとってこの結果は当然、嬉しいでしょう。また、売上が上がった分プロフィットシェアを得られる美容室にとっても、このプラスアルファの収益はありがたいはずです。そしてカラーリングやパーマの待ち時間を有効活用し、髪型だけでなくネイルまでオシャレに変身して美容室を出られるお客様にとっても、このジョイントベンチャーは功を奏しています。

要するにこのジョイントベンチャーは、関係するすべての人にメリットを与えているわけです。こうしたジョイントベンチャーは本当に無敵の施策と言っても過言ではありません。

美容室とのジョイントベンチャーを皮切りに、三石さんは同じ手法でジョイントベンチャーを拡大し続けています。出店料などの初期投資はほとんどかけずに、ネイリストを派遣すればいいだけですから、今までのビジネスの延長でさまざまなホストと提携できるのでしょう。大規模な温浴施設との提携も成功し、ネイル事業だけで何億円もの売上を上げているそうです。

信頼関係構築のポイントは意図、メリット、実績、能力

ジョイントベンチャーを実践する上でもっとも苦労するのは、相手企業との交渉です。相手企業からすれば、「提携してジョイントベンチャーをしませんか」という突然の申し出はとても怪しく感じるでしょう。まずは「あなたはいったい誰なのですか？」という相手の不信感を取り除き、信頼を構築するところから始めないといけません。

相手との信頼関係を構築し、交渉の席についてもらうためには、

・**ジョイントベンチャーの意図とメリットを明確にすること**
・**その意図を実現できる実績があること**
・**その実績を裏付ける能力やスキルがあること**

という三つのポイントを相手に伝える必要があるでしょう。

なぜジョイントベンチャーをやろうとしているのかという意図を明確にしなければ、相手は「何か裏があるのではないか」と勘ぐります。「うちの会社もこういうところで儲かるし、御社もこう

いうところで儲かる。このジョイントベンチャーはお互いにとって大きなメリットとなるのだ」と、はっきり説明しましょう。それぞれのメリットが明確になっているほど、相手も納得しやすくなります。

いくら提案を受け入れてもらいたくても、「御社にはこんなに大きなメリットがあります。うちの会社のメリットは微々たるものですが、御社のために何でもやらせてもらいます」などと曖昧な説明をするべきではありません。相手は喜んで提案を受け入れるどころか、「あなたから奉仕される覚えはない」と気味悪がるはずです。

自分の意図を隠さず明確にすることは相手との信頼関係を築くために不可欠なポイントであると認識しましょう。

そして二つ目にアピールすべきなのは、ジョイントベンチャーを成功させるための実績です。どんなに素晴らしい提案でも、それを実現できる実績がなければ、相手を信頼してジョイントベンチャーを始めることはできません。

実績は目に見えるもの、定量的に評価できるもので表現しましょう。売上などの数字や成績はもちろん、新聞や雑誌などに取り上げられた回数などをアピールします。

しかし残念ながら、過去の実績だけではなかなか信頼を勝ち取ることはできません。記事として広告を載せるのはマーケティング手法の一つであり、新聞、雑誌に取り上げられたものが純粋な記事であるとは限らないからです。

宣伝上手な企業であれば、いくらでも輝かしい実績があるように見せかけられることは、周知の事実でしょう。過去の実績だけで自分の能力を信頼してくれる企業はほとんどないはずです。

そこで三つ目のポイントとして、自分の能力をアピールします。お客様に満足してもらえるだけのスキルを持っていること、商品を確実に売ることのできる営業能力を持っていることなどを証明しましょう。

この三つのポイントを相手にうまく伝えれば、相手との信頼関係を徐々に築くことができます。信頼関係の構築はジョイントベンチャーの大前提であり、信頼関係が築けない限り、交渉が前に進むことはありません。

相手が困っていることを解決してあげる

信頼関係が構築できたら、いよいよジョイントベンチャーの交渉に入ります。

ジョイントベンチャーの交渉で大切なのは、相手のメリットを明確にすることです。そのときのポイントは、相手の困っていることを解決するような提案をすることでしょう。

たとえばお互いに教育事業に携わっている会社同士でも、相手の困っていることに関してメリットを伝えることができれば、ジョイントベンチャーを行うことができます。

B to Bのセミナーを得意とする会社Xがあったとしましょう。彼らは商品としてさまざまなセミナーを持っていて、それをB to Cで販売したいと思っていました。そこでB to Cのセミナーを運営している会社Yがジョイントベンチャーを提案したのです。

両者とも教育事業を手がけていますから、バッティングしそうに見えます。しかしX社はB to Cのセミナーの集客と運営の手間を減らしたいと考えていました。

たとえばB to Cのセミナーで集客しようと思えば、そのためのコピーライティングが必要です。企業研修向けの堅苦しい文章でしかメッセージを書いたことのないX社にとっては、それすらも手間のかかる作業でしょう。B to Cのマーケティングというのは片手間ではできないのです。

そこでY社は「うちはB to Cの顧客リストを持っています。一緒にジョイントベンチャーをやりませんか」と提案しました。X社がB to Cのマーケティングに困っていることに気づき、自分の強みを提供しようと考えたわけです。

B to Cのセミナーに関しては集客も運営もするから、X社は商品としてのセミナーだけ提供してほしい、という提案にX社は同意しました。そしてY社がホスト、X社がベネフィシャリーとなり、ジョイントベンチャーがスタートしたのです。

この例からも分かるように、相手の困っているところを理解し、それをうまく解決してあげるような提案をすれば、一見、提携が難しそうな相手ともジョイントベンチャーを組むことができます。

自分の持っている顧客リスト、あるいは商品が、いかに相手の困っている部分を満たし得るかという話をすれば、交渉は成功する可能性が高いでしょう。

なぜ無料で広告してもらえるのか?

ジョイントベンチャーの類型的なパターンに、戦略的バーターというものがあります。

戦略的バーターとは、メディアを持っている会社が必要とする商品、サービスを無料で提供することによって、その価格に相当する広告枠をもらうというマーケティング手法です。

たとえば新たなシステムを導入したい広告会社があったとしましょう。その広告会社に対してシステム会社が無料でシステム開発を行い、その開発費分の広告枠をもらう、広告を出してもらう、というのが戦略的バーターなのです。

この手法を理解すれば、広告宣伝費を十分に取れない会社も、お金をほとんど支払うことなく広告を出すことができます。

原価二〇〇〇円の商品を一万円で販売している会社が、広告会社に商品を一〇個提供し、一〇万円の広告枠をもらったとしましょう。

すると、その会社が支払ったのは商品一〇個分の原価、

二〇〇〇円×一〇個＝二万円

です。

つまり、二万円で一〇万円の広告枠を手に入れたわけです。しかもこの広告枠でその商品の宣伝をすれば、商品の売上は上がるでしょう。そうなれば広告宣伝費も十分に確保できるようになり、今まではとても買うことのできなかった広告枠で商品の宣伝をできるかもしれません。

そう考えると、戦略的バーターは非常に魅力的な施策と言えるのではないでしょうか。商品やサ

ービスの認知度が低くてなかなか売上が上がらないという場合はとくに、この手法を試してみるべきでしょう。

もちろん戦略的バーターでメリットを得るのは、商品やサービスを提供する側だけではありません。

メディア会社、広告会社にしても、スポンサーがつかず広告収入が得られない余分な広告枠を、自分が必要とする商品やサービスと交換できるのは、非常にメリットのあることでしょう。

戦略的バーターもジョイントベンチャーと同様、お互いのメリットがあるが故にうまく成り立っているのです。

まとめ

ジョイントベンチャーが成功すれば圧倒的な売上アップにつながる

提携相手と信頼関係を構築するためには自分の意図、メリット、実績、能力を明確に示す

戦略的バーターなら広告費を払わずに広告を出せる

Summary

第5章
Chapter5

リスクリバーサル
Risk Reversal

ものすごく良い商品という自信はあるけれど…

ＰＣ－９８００シリーズというパソコンがあったのを覚えている人も多いでしょう。

ＮＥＣが開発したパソコンで、全盛期には日本国内における市場占有率九〇％以上を獲得したほどの人気機種でした。しかしマイクロソフト社のウィンドウズが普及するにつれてその市場占有率はどんどん低下し、二〇〇〇年代前半には販売終了に追い込まれたのです。

しかし実際は、今でも多くの工場の制御機器などではＰＣ－９８００シリーズが使用されています。新しいシステムに移行するのは費用がかかるのはもちろん、ＰＣ－９８００で設定されたファクトリーオートメーションにおける機器の動きの角度や微妙な動きを完璧に移行することはできないからです。

とはいえ、すでに受注終了、サポート終了となっているため、ＰＣ－９８００が止まってしまうと誰も触ることができません。工場の生産ラインを止めるしかないのです。

ところがシステム会社を経営する江畑さんは、未だにＰＣ－９８００のメンテナンスを請け負っていました。江畑さんは、ＰＣ－９８００シリーズが発売された当初からメンテナンスを手がけているベテランのシステムエンジニアであり、優れたスキルを持っているのです。

とはいえＰＣ－９８００自体が骨董品のようなパソコンですから、一般で利用している人はいません。そのため、仕事がなかなかこないのです。江畑さんのビジネスは自然とＰＣ－９８００シリーズの部品のネット通販に限られるようになりました。

実は江畑さんと同じようにＰＣ－９８００シリーズの部品やメンテナンスを扱っている会社は、他に二社ほどあります。そのいずれの会社もオフィスのなかにＰＣ－９８００シリーズ用のハードディスクやディスクドライブ、ケーブルなどをストックしておき、ネット通販で販売するというビジネススタイルをとっていたのです。

競合他社と同じくらいの価格、納期で部品を届けるだけでは、差別化は図れないでしょう。実際、江畑さんの会社の売上は年々低下しており、

「このままでは生活できない」

というところまで追いつめられていたのです。

私は江畑さんに、

「お客様の申し込み数を増やすのにはリスクリバーサルが有効ですよ」

とアドバイスしました。

リスクリバーサルとは？

ものすごく良い商品を販売しているのだけれども、お客様になかなか申し込んでいただけないというときに有効なのが、リスクリバーサルという手法です。

リスクリバーサルとは、簡単に言えば返金保証、返品保証のことで、お客様の負っているリスクを逆に会社が代わりに負って、お客様が商品を購入しやすい状況をつくろうというのが、基本的なコンセプトです。

通常、商品を購入する場合にリスクを負っているのはお客様でしょう。とくに車や住宅などの高額商品を買う場合、お客様は「一生に一度の買い物をして何か欠陥があったらどうしよう」という不安を必ず感じています。

そこで会社が「欠陥があったら必ず返金、返品に応じます」と約束し、自分が欠陥品を売るリスクを負うわけです。その結果、お客様の「欠陥品を買ってしまう」リスクは大きく軽減され、不安は取り除かれます。お客様は「それなら買ってもいいかな」と考え始めるでしょう。

これがリスクリバーサルの概要なのです。

とはいえ、単純に返金保証、返品保証をすればリスクリバーサルの効果が得られるというわけではありません。リスクリバーサルを有効に活用するためには、商品やサービスによって返金保証、返品保証の内容を変えるべきでしょう。

リスクリバーサルは大きく四つのパターンに分けられます。

一つ目は完全返金保証、つまり代金の一〇〇％を返金するパターンです。「ご満足いただけない場合は代金をすべてお返しします」というキャッチコピーで化粧品などを販売しているケースが、これにあたります。

二つ目のパターンが、一〇〇％以上の返金保証をするケースで、代金の一〇〇％を返金しつつ、さらなる保証を付加します。たとえば「代金はお返ししますが、商品を購入した際の特典はそのままお納めいただいて結構です」という場合がこれに当たるでしょう。

また当社では、セミナーの申し込み客に「セミナーにお越しいただいて満足いただけなければ、わざわざ時間と交通費をかけて会場まで足を運んでいただいたお詫びの気持ちとして、代金の一二〇％をお返しします」と約束したことがあります。これもこのパターンに相当するリスクリバーサルの手法です。

三つ目が、代金の一部を返金するパターンです。「商品を使用して満足のいく効果が得られなければ、代金の半額をお返しします」というのが、このパターンに相当するでしょう。

そして最後のパターンが、代金を後払いにするケースです。ダイエットの関連商品などで「効果があらわれたあとに代金をお支払いください」という場合があります。それがこのパターンです。

リスクリバーサルの手法を用いることで得られる最大の効果は、お客様の初回購入の障壁を取り除くことで申し込み数が圧倒的に上がることです。お客様が思わず「そこまでするか？」と言ってしまうくらいインパクトの大きいリスクリバーサルのほうが、当然、効果は大きくなります。

たとえば我々が「代金の一二〇％をお返しします」と言ってセミナーの参加者募集をした場合、返金保証をつけないときの二倍程度の申し込みがあります。そこまでリスクリバーサルしている会社はほとんどないため、「一二〇％の返金」にメディア価値、面白さがあるのでしょう。「一二〇％の返金をする会社」として口コミが広がり、多くのお客様から反響、申し込みをいただけるのです。

商品やサービスに自信があれば返金を恐れる必要はない

リスクリバーサルをすることに抵抗を感じる人もいるでしょう。代金以上の返金をしていたら儲からない、お客様がみんな返品をしたら赤字になってしまうと思うかもしれません。

しかし我々がセミナーの受講料で一二〇％の返金保証をするケースも、実際に返金を要求するのはお客様の一%未満です。一〇〇人の受講者のうち、返金を要求するのはせいぜい一人しかいません。

実際に返金保証をしてみると分かることですが、商品を返品して返金を要求するお客様はほとんどいないのです。商品を購入してしまうと、それが欠陥品や不良品でない限り「気に入らないから代金を返せ」とは言いにくいのでしょう。

それに、たとえ一%のお客様に返金したとしても、リスクリバーサルを行うことで申し込み者が二割、三割と増えるなら、その返金はたいした支出ではありません。

しかも返金を要求した人の多くは、別のサービスや商品を購入してくれます。質の高い商品やサービスであれば、返金をしてもらうことに罪悪感を覚え、いつかその会社の売上に貢献しようと考える人は意外と多いのです。

したがって、お客様に満足していただける商品、価値の高い商品を提供している自信があるのなら、返金保証を恐れる必要はまったくありません。

もちろんお客様の多くが返金を要求してくるような商品を販売しているとしたら、話は変わってきます。その場合、その商品でビジネスをしていること自体が問題です。どんなに優れたマーケティング手法を駆使しようとも、商品を改善する、広告宣伝の内容を変えるなどの根本的な対策を講じない限り、そのビジネスが成立することはありません。

リスクリバーサルは商品やサービスに自信があるからこそできる施策であり、お客様のことを人として信頼しているからこそできる施策と言えるでしょう。「ご満足いただけなければ返金します」というのは、「私たちは素晴らしい商品をお客様にお届けします」「私たちはお客様を信頼し、敬意を払っています」という意思表示に他なりません。

お客様への信頼と敬意を表したコピーライティングで返金を保証する

お客様に対する信頼と敬意を表すためには、コピーライティングも非常に重要です。たとえば当社の場合、次のようなコピーライティングで返金保証することを謳っています。

「今回のセミナーが素晴らしい内容であることは確信しておりますが、その価値をお届けしきれない方もいらっしゃるでしょう。その際は会場にお越しいただいた分の交通費、お時間を取らせてしまったお詫びの印として、代金の一二〇％を返金させていただきます。

セミナー終了後の返金依頼を躊躇される方も多いでしょう。ですが、ご心配は要りません。私どもは価値をお届けできた方からだけ、代金をいただきたいと考えているのです。

ですからセミナーの内容にご満足いただけない場合は、気兼ねなく返金をお申し付けください。ご連絡をいただければ、喜んで返金させていただきます」

ポイントは、返金する理由を明確にすることでしょう。なぜ一二〇％の代金を返金するのかという理由を明示し、そこにお客様に対する敬意を込めるのです。単に「代金の一二〇％を返金します」と言うだけでは、お客様への誠意や感謝は伝わりません。

高額商品はどうリスクリバーサルをするか？

リスクリバーサルは申し込み率を上げるのに非常に有効な手段ですが、高額な商品の場合、一〇〇％の返金保証はしにくいでしょう。

たとえばオール電化設備工事を販売している会社の場合、設備、工事を含めれば一〇〇万～二〇〇万円以上の代金になります。住宅建築を受注している住宅メーカーなら、住宅の建築費は数千万円になることもあるでしょう。

そうした高額な商品を工事終了後に「気に入らないから返金してほしい」と言われたら、どうでしょうか。せっかく取り付けた設備を外してもとに戻すのも工事が必要になりますし、建ててしまった住宅を返されてもどうすることもできません。

単純に返金する以上の痛手になることは、容易に想像がつくでしょう。

それでは、リスクリバーサルをしにくい高額商品の場合、返金保証をする必要はないのでしょうか。

ジェイは、お客様への信頼と敬意を表すためにもリスクリバーサルは必要であり、返金する体制を整えなくてはならない、と言っています。しかし同時に、実際に返金がないようにすること、つまりお客様に返品させないための営業やサービスを心がけることが重要だと言っているのです。

リスクリバーサルを社内で徹底すれば、営業マン一人ひとりが「自分の販売した商品がお客様の満足を得られず、返品されるかもしれない」というリスクを負うようになります。これは自分の営業成績が下がり、社内での評価が下がるリスクに他なりません。会社に大きな損害を与えれば、減給、降格などのペナルティが課せられる可能性もあるでしょう。

すると「とりあえず売れればいい」「売ってしまえばこっちのもの」という営業マンはいなくなります。お客様に返品させないために、真摯な営業活動を心がけるようになるのです。

社内で行う社員教育を積極的に、真剣に受けるようになるのはもちろん、自らも丁寧な事前説明を心がけるようになり、お客様に売るためだけのセールストークはなくなります。お客様が納得、安心するまで何度もコミュニケーションをとり、お互いの信頼関係を構築するようになるでしょう。

これは社員の営業力を底上げし、お客様へのサービスの質を格段に向上させます。リスクリバーサルを導入する副次的効果と言えるでしょう。

たとえば住宅メーカーがリスクリバーサルを導入すれば、お客様に申し込んでいただく前に、

「我々の会社は一〇〇％返金保証を付けています。ただしご注文をいただく前に我々が建てた住宅に住んでいる一〇人のお客様とお会いしてください。そしていろいろな課題や問題点を見つけ、我々にご相談ください。それがすべてクリアにならなければ、お客様からご注文をいただいても我々が建築工事を始めることはありません」

というステップを加えることができます。

図9　リスクリバーサルの副次的効果

とにかく
売ればいいと
考える営業マン
¥
営業マンが
変化する
♥
お客様のために
信頼と安心の
コミュニケーション
を取る

リスクリバーサルには、お客様に返品させないために、
営業マンが真摯な営業活動を心がけるようになるという副次的効果がある

もちろんお客様同士を対面させるのは、会社にとってはリスクです。すでに住宅を購入しているお客様が隠れた不満を持っているかもしれませんし、お客様同士でどんな会話が繰り広げられるのか、予想もつきません。

しかし会社がそのリスクを負うことによって、お客様の「一生に一度の買い物だから、絶対に失敗したくない。これで決めてしまっていいのだろうか」という不安を取り除けるとしたら、それもリスクリバーサルの一つの形ではないでしょうか。いわば感情のリスクリバーサルです。

それによってお客様からの信頼度はアップし、申し込み率が上がるでしょう。高額で返金しにくい商品でも、リスクリバーサルの手法を活用し、申し込み率を上げることは可能なのです。

実際、オール電化の設備販売会社を経営する都築さんは、ジェイのセミナーに参加し、リスクリバーサルを導入したあと、年商を四〇億円にすることに成功しました。

都築さんは有名家電メーカー製の品質の高い製品を扱っていたのですが、ガスという選択肢を捨て、オール電化に乗り換えてくれるお客様は少なかったのです。

お客様のほとんどはオール電化に興味を示しながらも、「オール電化に変えるのも悪くはないけれど、今すぐ必要なわけではない」、「もうしばらく様子を見てから」という反応で、申し込みまで辿り着いてくれるお客様はわずかでした。

しかし都築さんは一ヶ月間の返金保証をスタートさせ、それをアピールしながらコールセンターでの電話営業に力をいれました。そして、それまで一〇億円だった年商が二八億円にまで成長したのです。

その後、都築さんは返金保証期間を三ヶ月、六ヶ月と延ばし、今では年商四〇億円にまで到達しました。まさにリスクリバーサルで一気に成長したケースと言えるでしょう。

リスクリバーサルで過去最高の売上を記録

冒頭に登場した江畑さんは、清水の舞台から飛び降りる覚悟でジェイのセミナーに参加し、リスクリバーサルを学びました。そしてネットでPC－９８００シリーズの部品を購入する人たちのリスクとは何か、考えたのです。

たとえば家電メーカーの工場でPC－９８００のハードディスクが壊れ、生産ラインが三日間止まってしまった場合、工場が被る被害は想像以上に大きいでしょう。最悪の場合、数億円の損害がでます。

PC－９８００が止まってしまった工場の人々は一刻も早くラインを動かしたいと思い、藁にもすがる思いで部品を注文するのです。

にもかかわらず、ようやく注文したハードディスクが届いても、それがうまく作動しなければ損害額はどんどん大きくなっていきます。実際、工場にはPC－9800に詳しい人はいないので、届いた部品を接続していろいろ設定してもなかなかプログラムが作動しないということは少なくありません。

江畑さんは、お客様にとっては部品を買ってもプログラムが動かないことがリスクだと考えました。そこでそのリスクを取り除くために「注文された部品は直接お届けし、プログラムが作動するところまでお手伝いします。直せなければ代金はいただきません」というコピーライティングを、ネットの注文フォームに載せたのです。

その結果、部品の注文は急増し、二〇一〇年一月には新規受注一〇〇件、過去最高売上を上げました。江畑さんはリスクリバーサルを上手に活用し、見事にビジネスを立て直したのです。

この事例からも分かる通り、リスクリバーサルを導入するときに大切なのは、

・お客様が商品を購入する理由、お客様が商品のどこに金銭的価値を見いだしているのかを明確にし、

・お客様が商品の購入を躊躇する理由（リスクを感じる部分）を明確にする

ことです。この二つが分かれば、商品に付加価値をつけ、お客様が購入を躊躇する理由を取り除くにはどうしたらいいか、深く考えることができるでしょう。

その上で、

・必要最低限の保証、競合他社が行っている保証を明確にし、

・それを上回る「そこまでやるか」と言われるような保証を考える

ことで、独自のリスクリバーサルを打ち出すのです。

まとめ

Summary

リスクリバーサルとは返金保証、返品保証をすること

リスクリバーサルでお客様に対する信頼と敬意を表す

高額商品のリスクリバーサルなら、営業の質の向上効果が期待できる

Part1

第1部

ジェイ・エイブラハムのマーケティング
厳選された7つのコンセプト

Chapter6

第6章

フューチャーペーシング

Future Pacing

いいところまで行くが、クロージングできない

税理士や中小診断士などの資格試験のための予備校を経営している中島さんは、生徒の数が増えずに困っていました。資料請求をしたり、無料体験セミナーに参加したりしてくれるお客様は多いのですが、なかなか申し込みまでは到達してくれません。

中島さんは、

「良い先生を揃えているのはもちろん、教材にも自信があります。今まで受講してくれた生徒さんたちも、授業がたいへん分かりやすいと言ってくれています。なのにどうして、生徒数がなかなか増えないのでしょう？」

と悩みを打ち明けてくれました。

そこで私は、

「それは宣伝や広告の仕方に問題があるのでしょう。お客様がはっきりと未来を思い描けるような宣伝をしていますか」

と尋ねたのです。

予備校やセミナーの広告でありがちなのが、

「有名な講師陣を揃えています」

「あなたの時間に合わせて効率よく学べます」

「教室は誰でもアクセスしやすいよう、○○駅から○分のところにあります」

「人気のある○○というテーマについて詳しく学べます」

というコピーライティングです。

しかし、こうしたコピーライティングでお客様は自分の未来を思い描くことができるでしょうか。

商品を購入するとどんな良い未来が待っているのかはっきりと分からなければ、お客様がその商品を購入することはないでしょう。あなたの提供する商品やサービスは、お客さまの未来を良くするもの。それを明確に伝えてあげなければなりません。

フューチャーペーシングでお客様に良い未来を描いてもらう

多くのお客様が商品に興味を示してはくれるけれども、申し込みまで到達して購入顧客になってくれるお客様が少ないというときに効果を発揮するのが、フューチャーペーシングです。フューチャーペーシングの手法を導入すると、クロージング率を大幅にアップすることができます。

フューチャーペーシングのペーシングとは相手の体験を共有するという意味であり、フューチャーペーシングはお客様に良い未来を見せるという意味になります。つまりお客様に、「この商品を買うとこんなに素晴らしい未来が待っています」「こんなに良いことがあります」ということを示すのです。

お客様は商品を購入したあとの自分を思い描き、「そんなに良いことがあるのなら…」と商品の購入を決めるでしょう。この家で生活したら心地よく生活できるなと思うから家を買い、この車で高速道路を走ったら爽快だろうなと思うから車を買うわけです。

たとえばApple社のiPhoneのコマーシャルも、iPhoneを持っていたらこんなに良いことがあるという未来をお客様に見せています。外出中にiPhoneで修正した仕事の資料も、iCloudで会社や自宅のパソコンと共有できる、というメッセージを伝えられたお客様は、「自分もiPhoneさえあれば移動中に資料をつくれるのか。時間の節約になるな」と考え、iPhoneの購入を検討するでしょう。

商品の価格設定は関係ありません。人は良い未来のためなら、いくらでもお金を払います。

たとえば「セミナーの相場は五〇〇〇円」と思っていても、「このセミナーの参加費は三〇万円ですが、参加したら売上が少なくとも一〇〇〇万円は上がります」と言われれば、「三〇万円払ってもいいかな」と思うでしょう。

中味の分からない会員クラブに五〇万円の会費を払う人はいませんが、「上場企業の経営者限定の会員制度で、入会すれば得難い人脈が築けます。会社の発展にもつながるでしょう」と言われれば「そんなに価値があるのなら、五〇万円の会費も仕方がないかな」と考えるのです。

商品やサービスに十分な価値があれば、お客様はそれに見合った金額を払ってくれます。そのためにも、お客様には「良い未来が待っている」ということをきちんと伝えなくてはならないのです。

それはお客様にとっても良いことなのです。お客様が自分の未来を具体的に想像し、自分のイメージする未来像に合った商品やサービスであるかどうかを考えることができるからです。たとえ良い商品であっても、お客様がイメージする未来に必要なければ買っていただけないでしょう。たとえ高額商品であっても、お客様の描く数年後の暮らしになくてはならないと判断いただければ買っていただけるでしょう。

ですから、フューチャーペーシングは、企業が利益をあげる術にとどまりません。お客様が本当に欲しい商品やサービスにめぐりあうためのしくみでもあります。

フューチャーペーシングで売上は数倍になる

二人の宝石商がいるとしましょう。

一人はお客様に対し、とにかくダイヤモンドが安く手に入るというダイレクトメールを送りました。

「今回、ある企業が倒産して在庫処分を行ったため、他店では手に入らないような○カラットのダイヤモンドを特別価格でご提供できます。このチャンスをお見逃しなくお申し込みください」

という内容のメールを送ったわけです。

すると早速お客様から注文が入り、五〇〇万円の儲けが出たのです。その業者は申し込んでくれたお客様に簡易包装でダイヤモンドを送りました。良い品を破格の値段で売るのだから、包装になど気をつかう必要はないと考えたのです。

しかしもう一人の宝石商はお客様に対し、良い未来を思い描いてもらうダイレクトメールを送りました。もちろん「ある企業が倒産したため、特別価格でダイヤモンドをご提供します」という理由も添えつつ、

「今回ご提供するダイヤモンドは非常にクオリティが高く、この宝石を身に着けるだけでワンラン

ク上のお洒落を楽しんでいただくことができるでしょう。

形も非常にシンプルで、どんなお洋服にも、どんなシーンにもお使いいただけます。

他のアクセサリーと一緒にお使いいただくことで、お客様ならではの個性を演出することもできるはずです」

という、購入してからの未来を思い描けるようなメッセージを送ったのです。

すると、こちらの業者にも同程度の注文が入りました。一人目と同じようにお客様にダイヤモンドを送れば、五〇〇万円の儲けが出るでしょう。しかしその業者は高価な雰囲気を演出するよう、敢えて高級なベルベットの箱にダイヤモンドを入れて送付しました。その経費として一〇〇万円使ったので、儲けは四〇〇万円しかありません。

そしてその業者はダイヤモンドを送付する際、

「この度はご購入いただき、ありがとうございました。今回ダイヤモンドをご購入いただいた方だけにもう一点、特別限定のアクセサリーをご案内させていただきます。

今回ご紹介させていただくアクセサリーは非常に希少価値の高い宝石を使っているのはもちろん、熟練した職人が金細工を施した逸品です。

一つだけでも十分に存在感のあるデザインですが、今回、お求めいただいたダイヤモンドと合わせていただくことで、さまざまなパターンのお洒落を楽しんでいただけるでしょう。

この機会にぜひお申し込みください」

という手紙を同封したのです。

きれいなベルベットの箱に入ったダイヤモンドとその手紙を受け取ったことにより、お客様は「素敵な宝石をもう一つ手に入れ、お洒落をして出かける未来」を思い描いたのでしょう。その結果、多くのお客様はさらにもう一つの宝石を注文し、その業者は一六〇〇万円の利益を上げました。

要するに、その業者はお客様に良い未来を思い描いてもらうことにより、ツーステップで合計二〇〇〇万円の利益を上げたわけです。

単に売って五〇〇万円の儲けを得るのと、未来を思い描いてもらうことで二〇〇〇万円の儲けを得るのとどちらが戦略的なビジネスか、言うまでもないでしょう。

商品を購入した瞬間ではなく、その後の良い未来を伝える

大切なのは商品やサービスを購入した瞬間ではなく、あくまでも「良い未来」を伝えること、そしてその「良い未来」の実現に貢献することなのです。これは単なるテクニックではありません。

たとえば予備校を経営する中島さんのように、生徒さんを集めたいのであれば、「この講座を受講して資格を取得すると、こんなに良い未来が待っている」ということを伝えます。

「この予備校を卒業した人の○％が年収二〇〇〇万円以上を得ている」

「資格取得後は、就職をサポートする」

「偏差値○○からでも合格できる」

といったことを伝え、かつそれが事実であれば、受講しようか迷っているお客様は「ぜひとも参加しておかなくては」と思うでしょう。

良い講師を揃えている、勉強しやすい環境が整っている、人気のあるテーマを学べるなどと言われても、お客様は「それはありがたいけれど、別に…」となってしまいます。

あるいは海外への移住に興味がある人なら、「バリ島にロングステイができる」という話に関心を示すでしょう。しかしそのお客様に対して、

「アメリカやオーストラリアに移住するよりも簡単です」

「資金が少なくても移住可能です」

という説明をしても、申し込む人はいません。お客様はロングステイ後の生活を思い描くことができず「安いかもしれないけれど…」と躊躇するでしょう。安さを伝えるよりも、

「ロングステイをする地域の衛生状態は悪くありません。最新機器を備えた病院もあります」

「周囲は○○なので、治安は悪くありません」

「物価が安く、生活費は日本の○割程度で済みます」

「近くには美しいビーチがあり、毎日のんびりと過ごすことができます。新鮮な魚介類を使った現地の料理もたいへんおいしいと評判です」

など、ロングステイしたときの生活を具体的に思い浮かべられるようなメッセージを伝えるべきなのです。

ロングステイ後の生活を思い浮かべ、海外で生活する不安が解消されたお客様はようやく「バリ島にロングステイをしてみようかな」と考えるでしょう。

要するに「それでその商品、サービスを購入したらどうなるの？」というところを明確に提示することが大切なのです。

良い未来を思い描いたお客様は感情にお金を払ってくれる

お客様に未来を伝える方法はさまざまです。なかでももっとも効果があると言われているのが、お客様の身体感覚に働きかける方法です。

たとえば健康器具を販売する場合、お客様に実際に体験してもらえば「身体が楽になった」という感覚を持ってもらえるでしょう。その上で「これを二年間続ければあなたの身体は劇的に変わり、健康な生活を送れます」と言えば、お客様は「ちょっと試してみただけでこんなに良くなるのだから…」と、自分が毎日を元気に過ごしている未来を思い描けるわけです。

身体感覚に訴える方法以外にも、映像や写真でお客様の視覚に訴えたり、言葉や文章表現で伝えたりすることは非常に有効でしょう。これらの方法を駆使して、自分の商品やサービスを購入したあとの未来をお客様に感じてもらうことが大切です。

すると、お客様は自分の感情にお金を支払ってくれるようになります。

たとえば喫茶店でケーキを食べてお茶を飲みたいと思っているお客様がいるとしましょう。単純に「二五〇〇円でケーキとコーヒーをご用意します」と伝えたなら、ほとんどのお客様は「そんなに高いケーキは必要ない。三〇〇円くらいのケーキで十分だ」と考えます。

しかし「リッツ・カールトンホテルのティールームでケーキとお茶を楽しみながら、午後のひとときを過ごしませんか」と伝えたら、お客様はどう感じるでしょうか。おそらく超一流ホテルの素敵なティールームにいる自分を思い描き、「二五〇〇円くらい払ってもいいかな」と考えるでしょう。

つまり中味はまったく同じでも、お客様に良い未来を伝え、感情を揺り動かしてもらうことができたなら、お客様はその感情に対して高いお金を払ってくれるのです。

ジェイも、これからは感情にお金を払う時代だと言っています。そんな時代だからこそ、フューチャーペーシングでお客様の感覚に訴えて良い未来を伝え、感情の変化を促すことが非常に重要でしょう。

「得る喜び」と「失う恐怖」を伝えるとクロージング率が上がる

お客様の感情の変化を促すときのポイントは、商品やサービスを「得る喜び」と「失う恐怖」を強く伝えることです。人間がお金を払う理由は、「これが得られると嬉しいから」という喜びと「ここで買わなかったら損するから」という恐怖のどちらかしかありません。

たとえば生命保険会社の場合、「保険に入っておいて良かった」という良い未来と同時に、「この特約付きの生命保険に入っていなければ、高額な最新医療を受けることができません」とか、「三〇代の今なら月々三五〇〇円ですが、三ヶ月後の誕生日を過ぎたら三九八〇円になります。いずれお入りになるなら、今のほうがお得ではないでしょうか」というメッセージも伝えているでしょう。

「入らないと大変」というメッセージを発信し、お客様に「失う恐怖」を伝えているわけです。

「得る喜び」と「失う恐怖」を両方とも強く打ち出すことができると、クロージング率は大きく上がります。

たとえば、ハンドクリームを販売するとします。

その際、使用した人と、使用しなかった人の比較写真を用意します。そのうえで、

「塗っていただくと、この写真のように三日後ぐらいに肌あれが治まってきます。塗らなかった場合は、この写真のように変化はありません」

「一週間後には、この写真のようにざらざらしていたお肌が少しツルツルしてきます。塗らなかった場合は、このように肌は荒れたままです」

「一ヶ月後には、この写真のようにお肌は常にしっとりと潤った状態になります。塗らなかった場合は、このように、残念ながら肌は荒れたままです」

と比較しながら説明します。

使用した結果、使用しなかった結果を見せることで、お客様の頭の中に、自分がハンドクリームを買った未来、買わなかった未来がビジュアライズされます。

こうした手法は、広告宣伝の世界で無意識のうちに昔から使われています。ヒット商品の広告や宣伝を見れば、フューチャーペーシングが効果的に使われていることが分かるでしょう。ただし繰り返しになりますが、素晴らしい商品やサービスがあることが大前提です。お客様が良い状態になるからこそ伝えるのだという誠実さや、真のリーダーシップを持っていなければ、単なる「あおり広告」になってしまうでしょう。価値ある良いものを届ける、これが前提です。フューチャーペーシングは、企業が利益をあげるテクニックにとどまらず、お客様が本当に欲しい商品やサービスにめぐりあうためのしくみでもあるということをお忘れなく。

まとめ

Summary

フューチャー
ペーシングで
お客様に
良い未来を伝える

良い未来を思い描き、
感情を
揺り動かされた
お客様は、
その感情に対して
お金を払ってくれる

「得る喜び」と
「失う恐怖」を伝えて
クロージング率を
上げる

第7章

Chapter7

卓越の戦略

Strategy of Preeminence

もっと金持ちになれるはずなのに…

コンサルタントとして独立した岡山さんは、それなりにビジネスを成功させ、収益も上げていました。独立してうまくいく人が少ないなか、見事に会社の経営を軌道に乗せたわけです。

しかし岡山さんには、大きな不満がありました。独立したときに思い描いていたほどお金が儲からない、ということです。岡山さんは、

「独立したらもっとお金持ちになれると思っていたのに、それほど儲かりません。客観的に考えても、私くらいの能力やスキルがあればもう少し儲かってもいいはずです。いったいどうしたらもっと儲けることができるのでしょうか？」

と尋ねました。そこで私は岡山さんに、

「お金を儲けようとしてビジネスをしているうちは、絶対にお金持ちになることはできません」

とアドバイスしたのです。

このアドバイスに疑問を感じる人も多いでしょう。売上をアップするための具体的な施策、技術的な施策を期待してこの本を手に取ったのに、金儲けをしようとしてはいけないなんてどういうことなんだ、と不満を覚える人もいるはずです。

しかしジェイは「卓越の戦略」を提唱し、その中ではっきりと、

「今のビジネスでより高い目的を理解しない限り、あなたの潜在能力をフルに使うことはできない。あなたの目的は金持ちになることであってはならない。目的が金持ちになること、という人は、絶対に金持ちになれないから、である」

と言っています。

これは、より高い目的を持って自分を変え、卓越した存在になっていかなくてはならない、というメッセージに他ならないでしょう。

独立して会社を存続させ、成長させるのは至難の業であり、それをなし得るのは、他の人や会社とは別のことができる人、卓越した人だけなのです。

独立するときにはパワーが必要ですから、「一旗揚げてやろう」と一念発起し、旺盛な野心とバイタリティを持つのはいいことでしょう。しかしその段階を通り越したら、徐々に「より高い目的」を持ち、卓越した存在になっていかなくてはいけません。

ジェイは卓越の戦略で「より高い目的」を持つことの大切さを伝えようとしているのです。

より高い目的を持ち、卓越した存在になる

それでは卓越の戦略とは、いったいどんな戦略なのでしょうか。

卓越の戦略とは、ジェイが提唱するさまざまな手法の土台となるコンセプトであり、ビジネスをするなら「より高い目的」を持ち、「卓越した存在」にならなくてはいけないという考え方です。

卓越した存在とは、お客様にとってなくてはならない存在に他なりません。その商品や会社がなくなるとお客様が困ってしまうという存在を目指さなくてはならない、というわけです。

そしてより高い目的とは、お客様のために自分ができる最大限のことをしてあげることです。お客様はあなたのために生きているわけではなく、あなたにお金を払ってくれる良いカモではありません。あなたがお客様のために生きるべきなのです。

ジェイは「自らがリーダーシップを発揮し、お客様が言葉には出さないけれども抱えている潜在的なニーズを満たしてあげられるようなリーダーにならないといけない」と言っています。まさにこれが「より高い目的」と言えるでしょう。

要するに、お客様が「本当はこういうのが欲しかった」と思うような商品やサービスを提供したり、「本当はこういうことをしたかった」、「家族にこういうことをしてあげたいとずっと思ってい

た」ということを実現させてあげなくてはいけないのです。単に自分の商品やサービスを売っているだけでは、卓越した存在にはなり得ません。

そのためにはお客様の本音が聴けるようなコミュニケーションをしなくてはいけないでしょう。いくら「お客様のために」と思っていても、それが本当にお客様のニーズかどうかは分からないからです。これがあったらお客様は喜ぶだろうな、お客様のビジネスがうまくいくだろうな、というのは単なる自分の思い込みかもしれません。

そして当然、商品やサービスを提供したあとのフォロー、定期的な連絡も行います。その結果、お客様と深い「きずな」で結ばれるのです。

そうなれば、お客様は自分にとって大切な友人に他なりません。大切な友人であれば、その友人が人生の岐路に立たされたとき、とびきりの情報やその友人の知的欲求を満たすようなアドバイスを送ろうとするでしょう。友人が少しでも幸せな人生を歩めるよう、サポートしたいと考えるはずです。

そうしなければ、その友人は間違った判断をし、人生と財産を失ってしまうかもしれないからです。

そして最良のアドバイスをもらい、正しい判断をしたお客様は、当然のことながら感謝します。

「この人、この会社に相談してよかった。何かあったらまた相談しよう」と考えるでしょう。

その瞬間、そのお客様にとってその人、その会社は特別な存在、つまり卓越した存在になるわけです。

なぜ目先のお金儲けを目指してはいけないのか?

卓越の戦略を実践し、多くのお客様にとってなくてはならない存在になると、当然のことながら固定客が増え、ビジネスは安定して収益を上げられるようになります。要するに、勝手に売れるようになるのです。

それではなぜ、お金を儲けようと考えてはいけないのでしょうか。

卓越の戦略を実践しようとすると、非常に手間がかかります。お客様の潜在的なニーズを探るためには綿密なコミュニケーションが必要ですし、商品を売ったあとも継続的にコミュニケーションをしなければ、お客様との「きずな」は生まれません。

たとえば和菓子を製造販売するある会社は、商品ごとに「このように食べてください」とか「こういう食べ方もありますので、お試しください」などのメッセージを添えることにしています。

また季節商品の販売が近づくと、

「○月○日から秋限定の○○を販売いたします。ぜひお試しください」

「○月○日に発売を予定しておりました○○は商品不都合のため販売開始を延期いたします。楽しみにしていただいていた方には申し訳ございません。発売日が決まりましたらご案内させていただきますので、しばらくお待ちください」

などのメモを添え、お客様と定期的なコミュニケーションを心がけているのです。

そうしたメッセージを伝えられたお客様は、「そろそろ○○が発売される季節か」と楽しみにしたり、「毎年○○を楽しみにしていたけれど仕方がない。無理に売らないところが安心できる」とさらなる信頼を寄せたりするでしょう。

そして実際に商品が発売されると「せっかくだから食べてみよう」とお店まで足を運んでくれるのです。

こうしたコミュニケーションは非常に手間のかかる作業です。新製品の発売時にだけ、不特定多数に向けて大々的に「新商品が登場しました」とプロモーションするのとは比較になりません。

しかしその結果、お客様との間には「きずな」が生まれ、継続的にお店を訪れてくれるでしょう。

そうなれば会社は継続的に売上をあげることができますし、継続的にお客様に価値を届けることができるようになります。

目先のお金儲けを目的にすると、これほど手間のかかるコミュニケーションはできません。

もちろんそこまで綿密なコミュニケーションを取らなくても、効果的なマーケティング手法を用いればとりあえず商品を売り切り、大きな収益を上げることはできるでしょう。しかしそれはすべてライフタイムバリューの低いお客様によってもたらされるものであり、その収益が継続して得られることはありません。同じ収益を維持しようと思えば、新規顧客を獲得し続ける必要があるのです。

一般に新規顧客獲得コストは既存顧客の維持コストの五倍と言われていますから、売上を維持するためには毎年多額のコストがかかるでしょう。だからこそお金儲けを目的にすると、なかなかお金持ちになれないのです。

お客様はカスタマーではなくクライアントである

卓越の戦略を実践するためには「お客様はカスタマーではなくクライアントである」という前提条件を理解しなくてはいけません。

カスタマーとは単に商品やサービスを購入する人を意味します。クライアントというのはクリエンテスというラテン語を語源とする言葉で、他の人の保護下にある人という意味を持ちます。お客様がクライアントであるということは、お客様が自分の保護下にあるという意味になります。

そしてお客様が自分の保護下にあるということはすなわち、お客様は守らなくてはいけない存在だということに他なりません。

たとえば親子で自転車を買いにきたお客様がいるとしましょう。子どもの初めての自転車を買いにきたのです。父親は「これから自転車の乗り方を教えようと思っている」と話してくれました。

そのとき、お客様はクライアントであり、自分が守るべき存在であるという意識があれば、高くて壊れやすい自転車を勧めることはないでしょう。

むしろその父親に「自転車に乗る練習をされるならたくさん転びますよね。何かにぶつかることもあるかもしれません」と理由を説明した上で、安くて頑丈な自転車を勧めるはずです。

間違っても「ギアチェンジがついているこのモデルが最近、流行っています」などと最高級自転車を勧め、そのお客様から大金を搾取しようなんて考えることはありません。

たとえお客様がその自転車を気に入ったとしても、「練習用の自転車にギアチェンジなんて必要ないでしょう。たとえ乗れるようになっても、慣れるまではギアチェンジなんて危ないですよ。初めての自転車ならこのモデルで十分です」と安くても最適な購入のアドバイスをするのではないでしょうか。

要するに、お客様自身が自分に何が必要なのか分かっていないときでも、リーダーシップを発揮してお客様の本当のニーズ、潜在的なニーズを見つけ出し、それに気づかせ、そのニーズを満たしてあげなくてはならないのです。それができなければ、お客様を本当に守ることはできません。

そうしてお客様を守ることに成功し、お客様をより幸せな方向に導いてあげることができれば、お客様はその店を信頼するようになります。二台目、三台目の自転車が必要になったときも、良いアドバイスを求めてその店を訪れるでしょう。

そのときはまたリーダーシップを発揮し、お客様を良い方向に導き、守ってあげます。するとお客様とのきずなはますます深まり、その店はお客様にとってなくてはならない存在になっていくでしょう。

マーケティングとはリーダーシップである

要するに、お客様に対して常にリーダーシップを発揮することが大切なのです。ジェイは、卓越

の戦略の最後に、

「ほとんどの人々（お客様）は、何をしたら良いのか分からない。分かっていたら、すでにそれをやっているだろう。

つまり、人（お客様）は、何も分かっていない。何も分かっていないことすら分かっていない。もしも、分かっていないことを分かっていても、恥ずかしくて、それをあなたには伝えたくないのだ、と思えば良い。そして優しい心を持って、育み、精神的な結びつきと敬意を持って、彼ら（お客様）に何が可能なのかを学ぶ手助けをしたら良いだろう。

人々（お客様）は、次の投資に関する決断、ビジネスに関する決断、または、人生の大きな決断を、どのようにしたら良いか模索している。次の決断をより良いものにするために、どうしたら良いかを考えているのだ。

さあ、まさに、今日、彼ら（お客様）の問題を解決してあげようではないか」

とまとめています。ここから分かるのは、「マーケティングとは、リーダーシップである」というジェイからの最大の教えではないでしょうか。

この教えを理解し、社員全員がお客様に対してリーダーシップを発揮できるようになれば、その会社は確実に卓越した存在になるのです。

卓越した存在であることを認識した瞬間、マインドが大きく変化する

お客様にとって、なくてはならない存在になるということは、自分に依存させるとか、脅して自分に引きつけるという意味ではありません。

たとえばお正月を迎えて家族が集まるとき、小さい頃から食べ続けているあの店のおせちが食べたいとか、あの家に挨拶にいくときの手みやげはあの和菓子屋のお饅頭と決めているとか、大晦日は家族全員で紅白歌合戦を見ることにしているとか、家庭ごとの習わしがあるでしょう。

そんなお店や番組がなくなってしまったら、家族のみんなは「いつもあれと決めていたのに寂しいな」とか「みんなに喜ばれていたのに困ったな」と思うはずです。お客様にとってなくてはならない存在になるというのはまさに、お客様が「なくなったら寂しい」とか「困る」と思うような商品やサービスを提供し続けることに他なりません。

そういう商品やサービスを提供していればビジネスで困ることはないでしょう。他の人や会社とは違う存在、一歩上の卓越した存在になれるのです。

それに加え、お客様にとってなくてはならない存在になり、それを自分で認識することは、ビジネスをしている人にとって大きな力となります。自分がいなくなると困るお客様がいるという自覚

があれば、自分の存在意義、ビジネスの意義を感じて、充実した人生を生きていけるでしょう。

会社の経営者であっても、ふとした瞬間に、

「自分は何のために仕事をしているのだろうか？」

「自分がやりたかった仕事はこんなことではない」

「本当にこれが自分に合っている仕事なのだろうか？」

などと虚しさを感じたり、悩んだりすることが少なくありません。そんなときに「自分を必要としてくれるお客様がいると思えば、また頑張る力が湧いてくるでしょう。「あなたがいないと困る」と言ってくれるお客様の存在は、自分に大きな活力を与えてくれるのです。

それに自分が卓越した存在であることを認識すれば、ビジネスに対するマインドがまるっきり変わります。

要するに、自分は卓越した存在であり、扱っている商品は素晴らしいし、高い価値があるという自覚ができれば、この商品の素晴らしさを伝えないことはお客様の不利益になると考えるようになるのです。こんなに素晴らしい商品なのだから、お客様に「知らせないといけない」し、「価値を届けないといけない」し、「申し込んでもらわないといけない」という確信が生まれるわけです。

すると自然とコピーライティングの内容も変わり、セールスファネルの設計も変わってきます。

結果として、ビジネスはだんだんと成長していくでしょう。

その意味でも「お客様にとってなくてはならない存在」になることは、とても大切ではないでしょうか

卓越の存在を目指せば新たな視点、新たなアイデアが生まれてくる

卓越の戦略は、ビジネスをするならより高い目的を持ち、卓越した存在にならなくてはいけないというコンセプトに過ぎません。具体的な施策があるわけではないので、この章を読み終えても「何となく言いたいことは分かったけれど、実際に何をすればいいのかわからない」「実践したほうがいいとは思うけれども、いったいどこから手を付けたらいいのか」と感じる人が多いでしょう。

実は卓越の戦略を実現するために有効なのが、お客様と、友人として、仲間として、コミュニケーションをとり続けることです。

「なぜ我が社の商品を買ってくださったのですか？」「何かお困りのことはないですか？」「スタッフに不手際はございませんか？」。相手の立場に立って、聞いてほしい質問を聞いてほしいタイミングで、コミュニケーションをとり続けることです。

卓越の戦略を理解し、お客様とのコミュニケーションを絶やさなければ、必ず卓越した存在になれるでしょう。

ぜひ卓越の戦略を理解し、卓越した存在になろうと決意してください。「自分の商品やサービスをいかに売るか」ではなく「リーダーシップをいかに発揮してお客様を良い方向に導き、幸せにしてあげるか」にフォーカスするのです。

その上で一章から六章までを振り返ってみましょう。自分自身のマインドが変化し、違う視点に立ったことで、新しい発想が生まれるのではないでしょうか。

「いかに売るか」「どうしたら売上が上がるのか」と思いながら読んでいたときには考えもつかなかったアイデアが浮かんでくるはずです。

そして、社員全体が卓越の戦略を理解し、卓越の存在になった瞬間、会社の収益は一気にアップするはずです。

まとめ

金儲けをしようと
思っているうちは
絶対に金持ちに
なれない

ビジネスをするなら
より高い目的を持ち
卓越した存在を
目指すべき

お客様に対して常に
リーダーシップを
発揮し、
コミュニケーション
をとり続ける

Part2

第2部

ブライアン・トレーシーのセールス

厳選された7つのコンセプト

本書は、マーケティングと営業から構成されています。第二部で営業を教えてくれるのは、ブライアン・トレーシーです。

現代のビジネスシーンでは営業スキルは必要不可欠。平均以上の営業スキルを身につければ、当然、今よりも営業成績は確実に上がり、それによって企業の業績も上がります。多くのビジネスパーソンが営業スキルを身につけたいと思うのは至極当然のことといえます。

ブライアン・トレーシーは、セールスパーソンとして、全米はもちろん、イギリス、フランス、ドイツをはじめ世界八五ヶ国以上を歴訪し、三〇種類以上の事業を手掛けています。

また、自己開発および販売心理学を基礎としたビジネスコンサルタント業務のオーソリティとして、自らのビジネス体験から得たノウハウと、歴史上の英雄から現代の経営者までのさまざまな成功例の統計的な分類・研究をもとに、説得力のある成功理論を説きます。

ブライアンは、フォーチュン五〇〇社に入る有力企業のうち二〇〇社以上に関わっています。具体的に社名（旧社名含む）を上げると、エクソンモービル、フォード自動車、ダイムラー・クライスラー、デュポン、AT&T社、ヒルトンホテル、ゼロックス、リッツカールトン、アップルコンピュータ、ヒューレット・パッカード、ＩＢＭ、コカコーラ、ペプシコーラ、マクドナルド、プルデンシャル生命、バンクオブアメリカ、モントリオール銀行、ジョンソン＆ジョンソン、ハイアットホテルなど超有名企業がずらりと並びます。

ですが、ブライアンは、恵まれた環境で人生をスタートさせたわけではありません。家にはあまりお金がなく、高校を中退し、ありとあらゆる職業を転々としてきました。学歴が無く、肉体労働しか仕事がありませんでした。

ノルウェーの貨物船でも働きました。牧場や農場に住み込んで手伝いもしましたし、皿洗いもしました。朝早くから三台のバスを乗り継ぎ、現場に行き、建築資材を一日中運ぶ仕事もしていました。

彼はいつも思っていたそうです。

「もっと給料が欲しい、広い家に住みたいし、車も欲しい、彼女をつくって幸せな恋愛がしたい、いい服が着たい、健康な生活がしたい」

このとき一つのきっかけが訪れます。完全歩合制のセールスパーソンへの転職です。一日中、家から家、会社から会社へと、毎日、足が棒になるほど歩き回り、やっとその日の宿代が稼げるということも珍しくありませんでした。

しかし、彼はあきらめませんでした。仕事に役に立ちそうな本をむさぼるように読み、仕事の現場で活かし、実績を上げるようになりました。

さらに「高校中退後五年間、ただ日々の仕事に時間を浪費していた自分が、営業の仕事をはじめてからの五年間で一〇倍の年収をあげ、重要な仕事を任されるようになったのはなぜか」を分析解明して意識的に行動を変え、人生を切り開いていったのです。

ブライアンは、不動産開発、自動車輸入業、セールス、マーケティング、広告、トレーニング&コンサルティングの会社で働き、ついには二億六五〇〇万ドルの会社のCOO（最高執行責任者）になりました。

二五歳の時、六ヶ国にまたがる販売網を作り、営業マンをトレーニングして一ヶ月あたり何百万ドルも商品を販売しました。その後、価値が五〇〇〇万ドルに達する不動産開発を行い、マネジメントし、販売まで手掛けました。

また、スズキの自動車をカナダに輸入する仕事も行い、何もない状態から二年間で六五の販売代理店を設立し、自動車の価値として二五〇〇万ドル分を販売しました。

さらには二億六五〇〇万ドルの地域開発会社を買収し、ゼロから会社を完全に再編成。新しい事務所を開設して、新しい人々を会社に配置して、何百万ドルにもなる六つの主要な開発プロジェクトを手掛けています。

こうした多大な実績を背景に、一九八一年、ビジネスマン向けに学習教材を開発し、カナダと合衆国でセミナーを提供し始めました。現在までに三〇〇以上のオーディオ&ビデオトレーニングプログラムを作り出し、それらは最大二四の言語に翻訳され、三〇〇以上の国で使用されています。


これからお話ししていくのは、彼が数多くの失敗と成功から紡ぎだした、売るための七つのコンセプトです。


ブライアンは著書のなかで、こんなことを言っています。

「お客があなたの商品を買うには、さまざまな理由があります。心しておかなくてはいけないのは、お客にはお客の理由があるということです。素人のセールスパーソンが犯す最大の過ちのひとつが、お客の理由を無視して、自分の理屈を押しつけるということです。

セールス全体の流れを左右するのが、お客のニーズを正確に読み取る能力です。できるだけ多くの時間を割いて、目の前のお客がどうして今、あなたからこの商品を買う必要があるのかを把握してください。お客のニーズを正確に読み取れなければ、商談は暗礁に乗り上げるでしょう。」(『私の営業方法をすべて公開します!』早野依子訳・PHP研究所)

逆に言えば、どのようにお客の心を掴み、どうしてもそのものを買わざるを得ないという心理に駆り立てていくかという、営業のプロセス(発想法、戦略、テクニックなど)が大切だということです。

ブライアンはこんなことも言っています。

「成功の秘訣はいつも専門家から学ぶことです。他の成功している人々が何をしているか調べてください。そして、次に同じことをしてください。それらを模倣してください。あなたはわざわざ一からやり直す必要はありません。あなたは初めからやり直す必要はないのです」

ですから営業のことを学ぶなら、営業の神様から学ぶべきでしょう。

読み終わったころ、あなたは営業について、大きな発見をすることでしょう。

※ブライアン・トレーシーについて詳しくは、http://briantracy.jp/

Part2

第2部

ブライアン・トレーシーのセールス

厳選された7つのコンセプト

第1章

Chapter1

信頼のピラミッド

Trust Pyramid

訪問件数は多いのに、申し込みがうまく取れない

生命保険会社で営業を担当する塚田さんは、営業成績がなかなか上がらないことに悩んでいました。

もちろん塚田さんがさぼっているわけではなく、勤務態度は人一倍真面目だし、お客様の訪問件数も営業部でトップです。にもかかわらず、とうとう後輩の営業マンにも契約率を抜かれてしまったのです。その営業マンは塚田さんの半分しか訪問件数がありません。

塚田さんは落ち込んで、

「私には営業センスがないのかもしれません。でも転職するほど若くないし…、何か営業成績を上げる良い方法はないのでしょうか？」

とアドバイスを求めました。

そこで私は「最初の訪問ではお客様とどんなお話をするのですか？」と質問したのです。塚田さんは、

「まずはご挨拶をして、お客様が生命保険に興味がありそうなら商品の説明をします。商品のメリットは詳しく説明しているつもりなのですが、なかなか契約してくれるお客様がいなくて…」

と答えました。さらに、興味がなさそうなお客様や契約を断られたお客様は時間の無駄だからすぐにあきらめることにしている、その時間で新しいお客様を訪問するほうが効率がいいはずだ、と言ったのです。

私は塚田さんに、

「そもそもセールスの手法に問題があるのではないでしょうか。

今の時代、営業マンの仕事はお客様との信頼構築から始まり、それができた時点で仕事の約半分が終わると言われています。塚田さんは、もっとお客様との信頼構築に時間をかけるべきです」

とアドバイスしました。

塚田さんのように訪問件数が重要と考えている営業マンは少なくありません。しかし時代が大きく変わった今、その考え方は通用しないでしょう。

もしも「訪問件数は多いのに申し込み率が低い」という悩みを抱えているのなら、早急に営業スタイルを切り替える必要があります。

時代とともに営業手法も変化している

今までのセールスは「関係構築（一〇%）→適格性の確認（二〇%）→プレゼンテーション（三〇%）→クロージング（四〇%）」という方法論に従って行われていました。つまり、ちょっと会話を交わして買いそうな人かどうかを見極め、「この人は買いそうだ」と思ったらプレゼンテーションに力をいれるのが一般的だったのです。

いきなり営業マンが訪問販売に訪れて商品の説明を一方的にまくしたて、「ぜひ買ってください」というような営業を受けた経験のある人も少なくないでしょう。昔は玄関のドアに足を挟むような営業手法が当たり前のように行われていました。

しかし、今は違います。時代が変わり、それに併せて営業手法も大きく変わっているのです。ブライアン・トレーシーは、「信頼構築（四〇%）→ニーズの把握（三〇%）→プレゼンテーション（二〇%）→クロージング（一〇%）」というのがこれからの時代の新しい営業手法であり、営業マンの仕事の半分はお客様との信頼構築に費やされると、提唱しています。

要するに信頼はセールスの大切な土台なのです。セールスの仕事はお客様との信頼構築から始まり、それができない限り次のステップには進めない、というのが今のセールスの常識と認識しましょう。私はこれを「信頼のピラミッド」と呼んでいます。

ですから、売れる営業マンはお客様との関係づくりに膨大な時間をかけます。最初からいきなり売ろうとはしません。

しかしながら、未だに昔の手法に従ってセールスを行っている営業マンは少なくないのです。最初に適格性の確認をして「買ってくれそうもないな」と思ったら次に行く、「買ってくれそうだ」と思ったらいきなりプレゼンテーションを始め、それで買ってもらえなければ次に行く、ということを繰り返していたら、お客様との信頼関係を構築することはできないでしょう。

一生懸命にセールスをしているのになかなか売れないという人は、お客様との信頼構築に時間をかけ

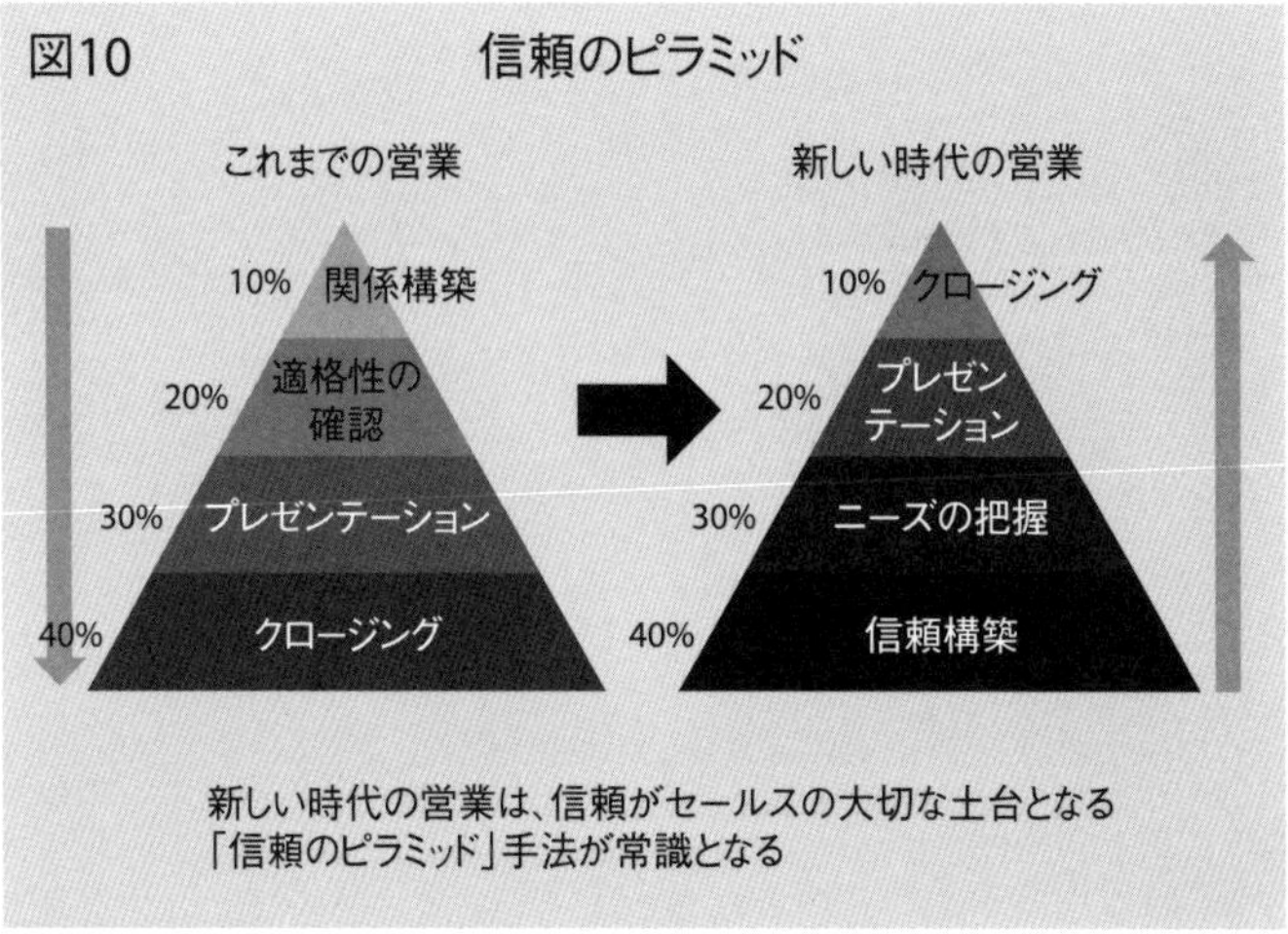

ていないケースがほとんどです。すぐに成果を求めるのではなく、「最初は売らなくてもいい。関係構築に時間を使っていればいい」という意識を持って、営業活動を心がけるべきでしょう。訪問件数だけが営業成績に比例する時代は終わったのです。

お客様が情報を持ち、商品説明をする必要がなくなった

プレゼンテーションに重きを置いた営業スタイルが通用しなくなったのは、お客様が情報をたくさん持っているからです。

情報化が進んだ今の時代、巷にはあらゆる情報が溢れ、さまざまなメディアを通して誰でもそれらの情報を入手することが可能です。インターネットがあれば商品の詳しい性能や情報を得ることもできるし、利用者の評価を知ることもできるでしょう。価格の相場も、競合商品の情報も簡単に知ることができます。

たとえば住宅建築やリフォームをする場合、以前ならタウンページや知人からの紹介が頼りでした。しかし今はホームページで一括資料請求ができ、場合によっては数十社から資料が送られてきます。雑誌や書籍からもさまざまな情報を得ることができるでしょう。

その結果、お客様は営業マンよりも豊富な商品知識を得ている場合もあり、たくさんの選択肢を持つようになっているのです。商品のメリット、デメリットを知り尽くしたお客様にいきなり「こんな便利な商品がありますから、いかがですか」と伝えても、意味はありません。「確かに便利かもしれないけれど、別にあなたから買う必要はないですよね」という反応が返ってくるだけです。

しかも生活水準の高い今の時代、日常生活に必要なものはすでに各家庭に揃っています。いくら「安くしておきますから」と勧めても、すでに持っている商品、生活に必要のない商品をわざわざ購入するお客様はいないでしょう。

時代の変化に伴い、お客様が目の前の営業マンから商品を買う理由がどんどんなくなっているのです。お客様に商品を買ってもらうためには「あなたから買いたい」、「あなたでなくては困る」と言われるプラスアルファの理由が必要です。

そしてその理由となるのが、お客様との信頼の「きずな」に他なりません。お客様から信頼されることでしか、競合他社との差別化を決定的に図ることはできないでしょう。だからこそ、セールスにおいてはお客様との信頼構築が非常に重要になるのです。

お客様から信頼される自分をつくることこそ、ビジネスを成功させる最大の要因といっても過言ではありません。

お客様に信頼される自分のつくり方

それではどうしたら「お客様に信頼される自分」をつくることができるのでしょうか。お客様から信頼されるためのカギは、人柄、目的、能力、実績の四つです。

① 人柄

一つ目のカギである人柄は、お客様から見た印象です。お客様はその人の姿や使う言葉、表情、立ち居振る舞いを見て、「この人は誠実そうだ」とか「見た目がきっちりしているから、きっと真面目な性格なのだろう」とか「挨拶の仕方がさわやかで気持ちいい」などの印象を持ちます。お客様がその人を信頼するかどうかは、その印象で大きく左右されるのです。

営業マンとしてお客様と接するなら、見た目に関する上司や同僚からのフィードバックを必ず受けるべきでしょう。服装が相手にどういう印象を与えるか、言葉遣いや立ち居振る舞いにおかしいところはないか、具体的に指摘してもらいます。そしてできるだけお客様に良い印象を持ってもらえるよう、見た目を変えていきます。

②目的

二つ目のカギは目的ですが、これはお客様に対してセールスの意図と動機を明確に示すことです。「今日はこういう目的できました」、「こういう背景でお邪魔しました」とはっきり言いましょう。

単に「ちょっといいですか？」と言っても、お客様は「何か裏があるのではないか」と勘ぐるでしょう。そうでなくても知らない相手から営業を受けるのは「何か売りつけられるのではないか」、「何かヒアリングしたいのかな」と不安なのです。だからこそ「正直を言いますと、今月は予算がキツくて…」とか「この冊子を見たらすごく良いことをおっしゃっていたので、お話を伺いたいと思って…」と本当の理由を聴かせてもらえるだけで、「この人は正直な人だ」とつい信頼してしまいます。

まさかと思うかもしれませんが、苦手な上司から「本音を言うとこういう背景があって…」と言われると急に親近感を覚えることがあるでしょう。意図を示すのは、信頼を得る上で非常に重要な要素なのです。

ですから営業に出かけて「○○を販売している者です。ちょっとよろしいですか？」というのは禁句です。「ちょっとよろしいですか？」と尋ねられたお客様は「何をしに来たのだろう」と怪しみ、「うちは結構です」と相手にしてもらえません。

そこで「お家の前を通りかかったら外壁が壊れているところがあったので、外壁工事についてお話させていただきたいのですが」と理由を説明すれば、お客様も「どの辺りが壊れていましたか?」と話を続けてくれるでしょう。

③能力

三つ目のカギは、自分の能力を示すことです。自分の能力を示し、お客様に「能力のある人だ。この人の話なら聴いてもいいだろう」と思ってもらう必要があるでしょう。

たとえば法的なサポート業務をする人なら「私は弁護士の資格を持っております」と言ったり、システム開発を提案する人なら「以前、こういう会社のこういうプロジェクトでこういう役割を任されていました」と説明したりするわけです。

逆に「弊社は金融コンサルティングをしておりまして、お客様にお勧めの金融商品をお持ちしました」と言っても、それまでの経歴が「前の会社では教材の販売をしていまして…」という内容であれば、「この人に大事な財産を任せるのは不安だ」と感じます。

自分の能力を示せない限り、お客様から信頼されることはないのです。

④ 実績

そして最後のカギとなるのが、実績です。実績は能力と非常に近しい関係にあり、実績を示すことで能力を認められることもあるでしょう。ただし、実績だけではお客様の信頼を得ることはできません。

たとえばある建設会社が「我々は過去に○○ビルをつくった実績があります」と説明すれば、確かに「すごいですね」と感じます。しかし、それだけでは能力を認めてもらうことはできないでしょう。

その場合、「あのときはこういう問題で非常に苦労しましたが、我が社の○○の技術を応用することでなんとか解決することができました」という説明をしなくてはなりません。その説明を聞いたお客様は「この会社は技術力が優れているだけでなく、問題解決能力も高いのだな」と納得します。

図11　信頼される自分をつくる

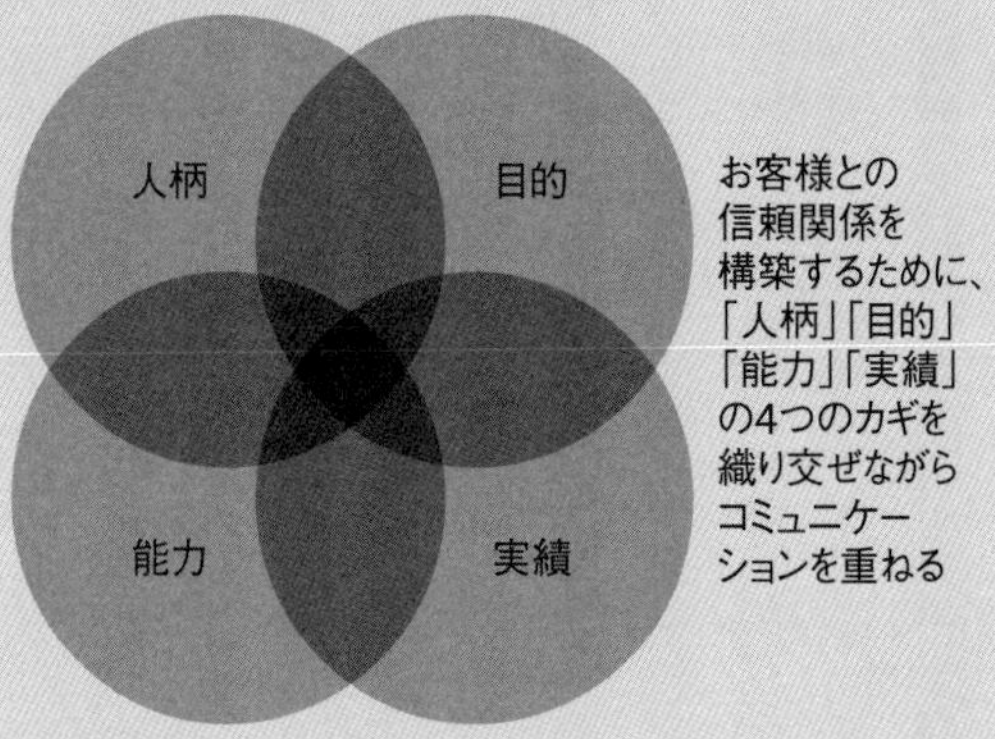
人柄
目的
能力
実績
お客様との
信頼関係を
構築するために、
「人柄」「目的」
「能力」「実績」
の4つのカギを
織り交ぜながら
コミュニケー
ションを重ねる

能力と実績は似ている部分もありますが、そのどちらともバランスよく示すことが大切なのです。

お客様との信頼関係を構築するためには、この四つのカギを織り交ぜながらコミュニケーションを重ねます。ただし、能力や実績をアピールしすぎるとプレゼンテーションになってしまいますから、注意が必要です。

あくまでも信頼関係を築くという目的を忘れず、お客様に次も会おう、話を聞いてみようと思ってもらうことが大切です。そのやり取りを何回か繰り返すうちに、徐々に信頼関係が構築されていくでしょう。

この最初の段階では、プレゼンテーションやクロージングの必要はありません。営業マンの多くは、早く商品の説明をしなくてはいけない、商品を購入するメリットを伝えなくてはいけない、という焦りがあるでしょう。しかし実際にはそんな必要はなく、信頼関係を構築することが営業マンのいちばん大切な仕事なのです。

コミュニケーションのちょっとした工夫で信頼関係は構築できる

とある歴史のあるプライベートバンクも、実は、ブライアン・トレーシーのセールス・プログラムを導入しています。

確かにプライベート・バンキング部門の営業マンがお客様との信頼を構築できないとなったら、大きな問題でしょう。信頼できない営業マンに巨額の資産を預けてくれるお客様はいるはずがありません。そこで同社は販売心理学で有名なブライアンのセミナーを研修に導入したわけです。

その研修では「あるお客様が金融資産を一〇〇億円くらい持っているお客様を紹介してくれた。初回訪問したときにどうやって信頼関係を構築していくか」という設定でロールプレイングを行いました。お客様役の講師を相手に「初めまして。〇〇様からご紹介いただいて参りました〇〇と申します」というところから、営業マンたちにロールプレイングさせるのです。

最初の二、三人には、何の研修も受けずに普段の営業活動通りにロールプレイングを行ってもらいました。すると、その銀行の優秀な営業マンでさえ会話も動作も非常にぎこちなく、なかなか話が弾まないのです。

そこでブライアンがコミュニケーションの取り方を説明しているビデオを見て、笑顔を絶やさない、相づちを打つなどのコミュニケーションの基本を学びます。

そしてビデオを見た後、「ビデオで見たことを実践してみましょう」と別の二、三人が同様のロールプレイングを行うのです。するとお客様役である講師の会話が徐々に増え、頷く回数も明らかに増えてきます。

その後、再びビデオを見てまた別の二、三人がロールプレイングする、という作業を繰り返します。回数を重ねるごとにお客様の反応が良くなり、会話が弾むようになるのが、目で見てはっきりと分かります。

そして営業マン一五人すべてがロールプレイングを終える頃には、営業マンとお客様のお互いがまるで飲み会で談笑しているかのように盛り上がったのです。最後にはとうとう口座開設を申し込んでいただくところまで辿り着きました。

要するに、ちょっと意識を変え、やり方を変えるだけでコミュニケーションは活性化し、信頼構築がものすごい勢いで進んでいくということでしょう。プレゼンテーションやクロージングに力を入れなくても、コミュニケーションを変えるだけでセールスの成果は大きく変わってくるのです。

まとめ

今の営業手法は
「信頼構築（四〇％）
↓
ニーズの把握
（三〇％）
↓
プレゼンテーション
（二〇％）
↓
クロージング
（一〇％）」

営業の仕事の
約半分は
お客様との
信頼構築に
費やされる

信頼関係を
構築するカギは、
人柄、目的、能力、
実績の
四つを示すこと

Summary

Part2

第2部

ブライアン・トレーシーのセールス

厳選された7つのコンセプト

第2章

Chapter2

ラポール（信頼の土台）

Rapport

人見知りで人とうまく話ができない

コピー機の法人営業を行っている高村さんは、自分の仕事があまり好きではありませんでした。高村さんはものすごい人見知りで、初対面のお客様と話すことができないからです。

なんとかお客様に話を聴いてもらうことができても会話は弾まず、せっかくのチャンスを生かせません。高村さんは、

「私は人見知りで人とうまく話すことができず、お客様とのコミュニケーションができません。こんな私がセールスの仕事をやっていて、成功する日は来るのでしょうか？」

とため息をつきました。私はそんな高村さんを、

「そんなに後ろ向きに考えないでください。意外かもしれませんが、営業マンにとって人見知りの性格はハンデとはならないのです」

と励ましました。

営業職についている人のなかには「自分は人見知りで人とうまくコミュニケーションをとることができない。営業には向いていないのではないだろうか…」と悩んでいる人もいるでしょう。

しかし実際には、営業成績の良い営業マンには人見知りの人がたくさんいます。人見知りだとい

う自覚があるとコミュニケーション技術を熱心に学ぶようになり、ポイントを押さえたコミュニケーションができるからです。

ですから人見知りであってもネガティブに捉える必要はないのです。

相手とラポールを構築することがコミュニケーションの前提

心理学のひとつとしてＮＬＰ（神経言語プログラミング）と呼ばれるコミュニケーション心理学があります。そのＮＬＰにおいて、相手とのコミュニケーションをはかる上で重要とされているのが、ラポールです。

ラポールとは心の架け橋という意味で、自分と相手との間に橋が架かっている状態、つまり心が通じ合っている状態を指します。ラポールを構築することは相手との強固な信頼関係を築くための大前提であり、ラポールが構築できない限り、次のステップには進めません。

では、ラポールの構築とはいったい何なのでしょうか。

たとえば精神的に問題を抱えている一人と正常な四人が集まっているとしましょう。その問題のある一人が「そこにヘビがいる」と怯えだしました。しかし、他の四人は自分にはヘビが見えません。そのとき「見えないヘビに怯えているなんて、あの人は異常だ」と言い切れるでしょうか。

ヘビが見えていないのはもしかすると自分だけかもしれないし、本当はヘビがいるのに他の人が気付いていないだけかもしれません。ヘビが絶対にいないことを、誰も証明することはできないのです。

すると正気の人でも自分が本当に正常か、自信がなくなるかもしれません。もしかしたら自分が他の人と違うのかもしれない、と考えます。

そんなとき、他の人たちとの共通項を見つけ、自分が正常であることを確認できれば、ものすごく安心するのではないでしょうか。自分の現実と相手の現実が共有されていることを確認すると「やっぱりヘビなんていないですよね？　ああ、よかった」と思うわけです。すると、その現実を共有した相手とコミュニケーションをとることに安心感を持つようになります。

それが「ラポール」を構築することに他なりません。

たわいのない雑談をするとき、

「○○さんという人が私の担当なんですが…」

「○○さんなら私も知っていますよ」

と共通の知人の話題で盛り上がることがあるでしょう。共通項を見つけたとたん、お互いが分かったような気持ちになり、話がいきなりかみ合うのです。

そうした共通項をたくさん見つけていくことで、相手とのラポールは構築されていきます。

したがって、お客様とコミュニケーションをとるときは、お互いの共通項を見つけることに注力します。たとえば過去から今までの体験の共通項を見つけるのもいいでしょう。

「○○社にいらっしゃったんですか。実は私も九八年から三年間だけ、○○社で働いていたんです」

「私も出身は○○県の○○高校です。奇遇ですね」

「○○さんも母子家庭ですか。実は私も早くに父を亡くしまして…」

といった共通項が見つかると会話が弾み、どんなに人見知りな人でも円滑にコミュニケーションでき

図12　ラポールを築く

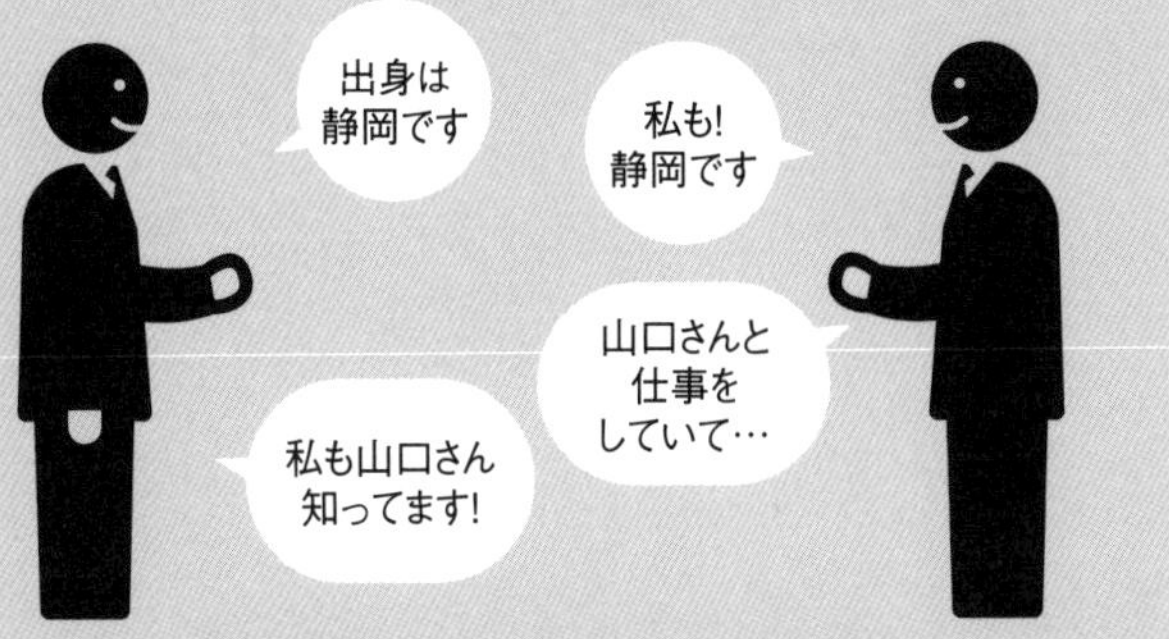
出身は
静岡です
私も!
静岡です
山口さんと
仕事を
していて…
私も山口さん
知ってます!

お互いの共通項をたくさん見つけていくことで、
相手とのラポールが構築されていく

るようになるのです。

過去の体験以外にも趣味などの話題から共通項が見つかる可能性もあります。好きな映画の話や旅行の話をすれば、

「私もバリ島のヌサドゥアに行ったことがあります。ウブドまで足を伸ばされましたか？」

「ああ、あそこのラーメンはおいしいですよね。私もあの店、大好きなんです」

といった共通項が見つかるでしょう。非常に簡単なことなのですが、ラポールを築く効果は絶大なのです。

コミュニケーションは一般論から始め、具体的なキーワードを探す

もちろんなかなか共通項が見つからないこともあります。

「最近、世の中の皆さんはこういうことを求めていますよね」と話題を出したら、「いやあ、そうですかね」と話の腰を折られることもあるでしょう。そんなことが続くと「自分は話が下手なのかな…」と思ってしまうかもしれません。

すると相手から拒絶されることを恐れて、ますます人見知りになります。共通項を探すことなく

本題に入り、いきなり提案を始めたり、自分の意見を主張してしまったりするでしょう。うまくコミュニケーションできなくて焦ってしまい、「まずは弊社の概要をお話させていただいてよろしいでしょうか」と先走ってしまうわけです。

その結果、いつまでたってもラポールが構築されることはありません。それどころか相手は「この人は本当に売り込みだけなんだな」と感じ、不信感を抱くはずです。そうなればますます商品は売れなくなって自信を失い、焦りは募るでしょう。まさに悪循環です。

大切なのは、あきらめずに共通項を探し続けることです。そもそも仕事の四〇％は信頼関係の構築なのですから、初回訪問ではラポールを築くことだけに専念していいくらいでしょう。初回訪問では商品を販売しない、初回訪問は信頼の土台を築くときだ、と開き直り、どんどん話題を提供していけばいいのです。

何を話していいのか分からないときは、天候の話や最近のニュースを話題にします。そして少しずつ自分のことを話し、その中で共通項を見つけていきます。

たとえば「タイの洪水はひどかったようですね」という話から、被害を被った企業の話に進めるかもしれないし、「タイのアユタヤに行ったことがあってね」という話になるかもしれません。

一般論から具体的なキーワードを探し、キーワードがでたら「実は私も…」などと自分のことを話し続けましょう。すると相手の方から共通項を見いだし、会話を盛り上げてくれます。こちらは「なるほど」「分かります」と相づちを打つだけで、相手は「この人は話が上手だな」と認識してくれるのです。

トライアッドで「今」を共有する

ラポールを構築するためには、トライアッドで「今」を共有するのも有効です。

トライアッドとはカリスマコーチ、アンソニー・ロビンズの言葉で、フォーカス（焦点を当てて見ているもの）、ランゲージ（言葉の使い方）、フィジオロジー（身体の使い方）の三つを指します。この三つを共有するとラポールが構築されやすくなり、コミュニケーションが円滑になるのです。

とくに効果的なのは、身体の使い方、フィジオロジーを合わせることです。たとえば映画などで仲の良い二人が食事をするシーンを見ると、飲み物を飲むタイミングや、ナイフとフォークを手に取るタイミングがまったく同じになっていることに気が付くかもしれません。

成功している営業マンも、お客様がお茶を飲むタイミングでお茶を飲んだり、お客様が斜めを向いたら自分も同じように斜めを向いたり、お客様が頷いたら自分も頷いたりということを意識的に、自然にやっています。

すごい人になると相手の肩や胸の動きを見て呼吸を合わせていきます。つまり自分の呼吸を相手にマッチングさせていくわけです。

そして次に、相手の呼吸を自分に合わせてペーシングしていきます。たとえば自分のメッセージを早く伝えたいときは速く呼吸したり、相手に落ち着いて考えさせたいときにはゆっくり呼吸したりするのです。

相手とのラポールが構築できていれば、相手も自分のペースに合わせて呼吸するようになるでしょう。相手は無意識のうちに「この人と同じ状態でいるのが心地良い」という判断をし、無意識のうちに呼吸を合わせてしまうからです。

相手の呼吸をコントロールするレベルまで達する

図13　トライアッド

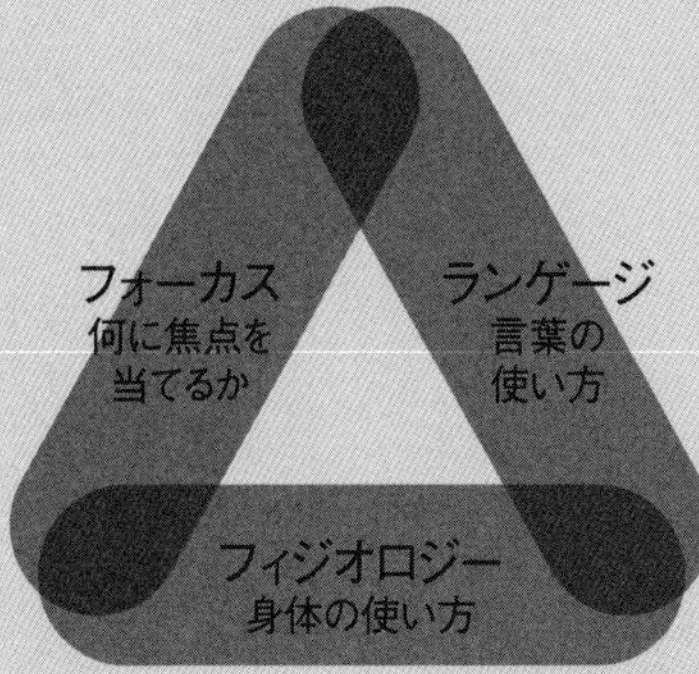

トライアッドを共有すると、ラポールが構築されやすくなる

のはなかなか難しいかもしれませんが、これができれば自分のペースでコミュニケーションを進められるようになります。

言葉の使い方を共有するというのは、相手の使っているのと同じ言葉を使うことです。たとえば商品をお客様に販売することを「○○をお届けする」と言う人もいれば、「○○を提供する」という言い方をする人もいるでしょう。相手が「お届けする」という表現を使うなら、自分も同じ表現を使うのです。

「ぶっちゃけ○○で…」という言い方をする人に、「ぶっちゃけてしまえば私も○○で…」と返せば、相手は「この人もぶっちゃけてくれる人なんだな」という安心感を覚えるでしょう。言葉の使い方を共有することには、相手を安心させる効果があるのです。

コミュニケーションをとるときは相手と同じ表現をできるだけ使い、言葉の使い方の共有化を図ることが大切でしょう。

法人営業をする場合には、お客様の業界について勉強し、専門用語をあらかじめ押さえておくことも必要です。たとえば保険業界なら、保険商品を「設計する」という言葉を使います。保険商品を「つくる」とも「開発する」とも言いません。「料率」という言葉も特徴的でしょう。

そうした言葉を使って「保険商品を設計するときは、どのように料率を計算されているのですか？」とコミュニケーションをとれば、お客様は「この人はうちの業界のことをいろいろ分かった上で話を聞いてくれている」と安心します。すると、お客様は自らいろいろなことを話してくれるようになるのです。

「過去」と「今」を共有すると未来が見えてくる

「過去の体験」の共通項を見つけ、トライアッドで「今」を共有すると、だんだんラポールが築かれていきます。すると「未来」が見えてくるのです。

初めて会った人に自分の未来について語る人はなかなかいません。とくに営業マンに対していきなり「自分はこういうものが欲しいと思っている」とか「こういうことをしてみたい」と話す人はいないでしょう。

たとえば車を買いたいと思っていても、初対面の営業マンに「ちょうど車が欲しいと思っていたんですよ。大きさはこのくらいで、こういうタイプの車がいいな」とは言いにくいですし、生命保険の営業マンに「最近、家族のことが心配で…」と話すこともありません。

しかし、過去と今が共有され、ラポールが構築されてくると、「この人になら自分の本心を話しても大丈夫だろう」という安心感が生まれます。すると「正直に言うと、実はこうしたいと思っている」という未来を話してくれるようになるのです。

ですから、まずは過去と今を十分に共有してラポールを築いてから、未来を共有することを目指しましょう。

そして相手が未来について描いているビジョンを話してくれたら、その未来を共有します。たとえば「いや、実は私もこういう夢を持っていまして…」などと合わせていくのです。

もちろん、過去、今、未来をすべて共有しなくても、強固なラポールが築かれるケースもあるでしょう。趣味のゴルフの話だけで二時間盛り上がってしまい、「君、いいねえ。私と話が合うな」と言ってもらえるのは、よくあることです。

そう言ってもらえたなら、無理に過去や未来を共有する必要はありません。そのまま次のステップに進みます。

人が抱いている二つの根元的な恐怖とは

ラポールを構築することは、人が抱いている二つの恐怖を取り去ることに他なりません。二つの恐怖とは、「自分は必要とされていないのではないか」という恐れと「自分は愛されていないのではないか」という恐れであり、アンソニー・ロビンズはこの二つが「人間にとって最大の恐怖である」と言っています。

お客様も初対面の営業マンとコミュニケーションをしていると、「自分は他人と違うのではないだろうか」と不安になります。

なかなか会話が盛り上がらず、自分の話したことに頷いてもらえなかったり、まったく違う意見を言われたりすると、自分は必要とされていないのではないか、愛されていないのではないかという恐怖がどんどん生まれてくるのです。

するとお客様の心は離れていきます。「どうせ自分はうまく話せない」と思い、お客様のほうが人見知りの状態になっていくわけです。

だからこそ、お客様との共通項を増やすことが大切なのです。

共通項が増えれば、お客様のなかには無意識に「自分は必要とされている」、「自分は愛されている」という思いが生まれ、恐怖はだんだん減っていくでしょう。その気持ちがベースとなり、ラポールが構築されていきます。

初対面の人とのコミュニケーションを恐れているのは営業マンだけではありません。お客様も同じように不安を感じているのです。

それを理解すれば、お客様の不安を取り除いてあげたい、安心してもらいたいという意識が生まれるのではないでしょうか。そういう意識でお客様の前に立てば、コミュニケーションの方法も自然と変わってくるはずです。

まとめ

Summary

ラポールの構築はコミュニケーションの前提条件

「過去」と「今」の体験のなかに共通項を見つける

ラポールを構築すれば、お客様が抱える二つの恐怖を取り除くことができる

Part2

第2部

ブライアン・トレーシーのセールス

厳選された7つのコンセプト

第3章

Chapter3

信頼の構築

Building Trust

人と話をするのは得意だが、まったく売れない

ＯＡ機器の営業をしている荒井さんは、人と話すのが得意でした。さまざまなジャンルの話題に精通し、知識も豊富です。営業としての勉強も熱心で、商品やサービスについて話すときも滞りがありません。

初対面のお客様と二時間話すのもまったく苦にならず、お客様のほうも荒井さんの話を楽しそうに聞いています。

にもかかわらず、荒井さんの営業成績は今ひとつなのです。

「こんなに頑張って会話を盛り上げているのに、結局、注文してもらえないなんて…、いったい何のために仕事をしているのだろう」

荒井さんはため息をつきました。私は荒井さんに、

「お客様が荒井さんの話を楽しんでくださるのは良いのですが、荒井さんご自身はお客様の話を喜んで聴いているでしょうか？」

と尋ねたのです。

営業マンのなかには、知識が豊富で何でも話せる、話術には自信があるという人もいるでしょう。

確かに、話が面白くてつい長々と聴いてしまう営業マンは少なくありません。

でもそういう人に対してお客様は「自分のことを話したい」と思うでしょうか。むしろ「うまくのせられて商品を売りつけられるのではないか」と考えるかもしれません。

お客様とのコミュニケーションは、お客様の話を聴くことのほうが大切なのです。

お客様は自分が話したことしか覚えていない

お客様との会話が弾むのは素晴らしいことですが、一方的に話すだけではお客様の頭のなかには何のキーワードも残りません。一生懸命に二時間、話をし続けても、お客様は「そういえばゴルフの話をして、荒井さんはどこのコースに行ったと言っていたけれど…、結局何の話をしにきたんだっけ？」となるわけです。

そして二時間後に始まる次の会議の準備を始めたとたん、どこのゴルフコースに行ったのかさえ、忘れてしまいます。

それではどうすれば、お客様に会話の内容を覚えていてもらえるのでしょうか？

お客様に会話の内容を覚えていてもらう方法は一つしかありません。お客様に質問し、お客様自身に答えてもらうことです。

「経営者様向けのこういった保険にご興味はありませんか」

と質問すれば、お客様は、

「ああ、こういう保険には前から興味があったんだよ。実は今、借入金の返済に悩んでいて…。借入金の返済が残っていたら、自分がいなくなったときに社員が困るだろう?」

という答えが返ってくるかもしれません。

するとお客様は「あのとき借入金の返済の話をしたな。保険料を聞いてみたら、思ったより安かったな」と、会話の内容を覚えていてくれます。人は自分が話した内容は覚えているものなのです。

ですからお客様とコミュニケーションをとるときは、自分が話すのではなく、自分が質問して、お客様に話してもらわないといけません。もちろんその場を盛り上げるための質問をするのではなく、お客様に心からの興味を持って質問することが重要です。

そしてその話を真剣に聴きます。

相づちを打ちながら、熱心に話を聴いてもらったお客様は「自分が必要とされている」ことを確認します。すると「自分は必要とされていないのではないか」、「自分は愛されていないのではないか」という恐怖を取り除かれたことでお客様は安心し、さらに会話が弾みます。

恐れていることを取り除き、安心感で満たしてあげることでお客様の抵抗心がどんどん下がり、「この人にだったらもう少し話してもいいかな」と、話がどんどん出てくるわけです。

相手の潜在意識にあるニーズを満たす五つのコミュニケーション

ブライアンは相手の潜在意識にあるニーズを満たすための手法として、五つのコミュニケーション手法を提唱しています。

たとえラポールが構築されても、家を売られる、保険を売られると思うと、お客様には抵抗心があるものです。友人として会話をしたり、ゴルフに行ったりするのは良いけれども、仕事の話はしたくないという経験は誰にでもあるでしょう。

その抵抗心を下げるために、相手の潜在意識にあるニーズを満たして信頼関係を構築する必要があるのです。

①すべてを笑顔で受領する

一つ目の手法は、「すべてを笑顔で受領する」ことです。つまり相手の話をすべて笑顔で受け入れるわけです。

②相手の価値観を承認し、認める

二つ目に、「相手の価値観を承認し、認め」ます。

価値観は人それぞれであり、世の中にはびっくりするような価値観を持った人がたくさんいます。なかには首を傾げたくなるような価値観、自分では絶対に受け入れがたい価値観を持った人もいるでしょう。しかしそれらを「自分とは違う」と拒絶してはいけません。すべて受け入れ、認めるのです。

もちろん、その価値観を共有化する必要はありません。ただ「あなたの価値観はそれでOKです。それで私があなたを嫌いになることはありません」というメッセージが伝われば十分なのです。

価値観には宗教観や政治観、職業倫理なども含まれます。性的嗜好、食習慣なども人それぞれです。それらをいったんすべて受け入れてあげれば、相手は無意識のうちに「自分は愛されている」と感じるでしょう。

③ 感謝を伝える

三つ目に大切なのが『ありがとうございます』と感謝を伝える」ことです。

どんなタイミングでも構いません。

「今日はお時間をいただいて本当にありがとうございます。お会いできて嬉しいです」

「資料のご準備、ありがとうございます」

「面白いお話を聴かせていただいて、ありがとうございました」

など、感謝できることがあれば徹底的に感謝をしていきます。

口先だけの感謝ではありません。心からお客様に感謝をすれば、自然と目線や姿勢、態度なども変わってくるでしょう。お客様は「ありがとうございます」という言葉よりも、その言葉を発するときの目線や態度から感謝の気持ちを感じるのです。

④ 賞賛する

四つ目が「賞賛する」ということです。

人は賞賛されると「必要とされている」とか「愛されている」と強く感じます。褒めるポイントがあれば、きちんと「すごいですね」と賞賛しましょう。

大切なのは相手の話を聴き、相手が努力をしているポイントを賞賛することです。話も聴かずにいきなり「その腕時計、素晴らしいですね」、「良いスーツですね」と褒めても、胡散臭く思われます。

コミュニケーションをしていて「ここがたいへんだった」、「このときは頑張った」、「私はここにこだわって仕事をしている。ここだけは誰にも負けない」など、相手がそれまでに努力した話が出てきたときに、「すごいですね」「素晴らしいですね」と賞賛するのです。

自分の努力を賞賛された相手は「この人は自分のことを分かってくれている」と感じ、抵抗心はグッと下がります。

⑤意見に同意する

最後の手法が「意見に同意する」ことです。人それぞれ「自分はこうだと思う」という意見や方針があるでしょう。それに同意を示して信頼関係を築き、相手の抵抗心を下げていきます。

要するに、お客様との信頼関係を構築するために必要以上に話す必要はないのです。笑顔で相手の話を聴き、その話を「なるほど、すごいですね」と承認し、「ありがとうございました」というコミュニケーションをしていれば、自分からはほとんど話さなくても、お客様の信頼はどんどん高

図14

相手の潜在意識にあるニーズを満たす5つのコミュニケーション

1 すべてを笑顔で受領する
相手の話をすべて笑顔で受け入れる。

2 相手の価値観を承認し、認める
相手の価値観が自分と異なっても、拒絶せずにすべて受け入れ、認める。

3 感謝を伝える
感謝できることがあれば徹底的に感謝し、「ありがとうございます」と感謝を伝える。

4 賞賛する
相手の話を聴き、相手が努力をしているポイントを賞賛する。

5 意見に同意する
相手の意見や方針に同意する。

まっていくはずです。

焦って商品説明をする必要はない

お客様との信頼構築にこれほど時間を使ってもいいのだろうか、もっと自分の商品を説明すべきではないだろうか、と考える人もいるでしょう。

しかしある生命保険会社の優秀な営業マンは、ブライアンのセールス・プログラムを完璧に実践して、年収三〇〇万円から五〇〇〇万円にアップさせることに成功しました。

その営業マンは信頼のピラミッドの土台を築き、お客様のニーズを把握するまでの信頼構築のステップに七〇％の時間を費やしています。その間、もちろん自分が生命保険の営業マンであることは伝えますが、保険商品の話はまったくしません。

普通に会話をしたり、食事をしたりしながら、

「うちの会社でこういうことがあったのですが、〇〇さんの会社ではそんなことはありませんか」

「これからどういうところに旅行されたいのですか。そこでどういうことをしてみたいのですか」

「今はどんな仕事をされているのですか。これからはどんな仕事をしたいのですか」

という会話を繰り返すのです。

すると会話の端々でお客様は、

「こういうことがしたいんだけれど、こういう問題があってね…」

という悩みを打ち明けてくれます。そこで初めて、

「それならこういう保険に入っておいたほうがいいのではないですか。提案書を持ってきましょうか」

と商品の話を持ち出し、プレゼンテーションをするわけです。

もちろん、お客様が自分の商品に関係ない悩みを抱えているケースもあるでしょう。その場合は、「自分にはこういうスキルが足りなくて」というお客様がいたら「いいセミナーを紹介しますよ」と伝えたり、中小企業を経営しているお客様がいたら「こういうパーティー企画があるんですけれど、参加しませんか。すごく人脈が広がると思いますよ」、「縁があって、普通なら参加費が一万円かかるビジネス交流会に無料で参加できるのですが、○○さんもいかがですか」と声を掛けたりします。

するとお客様の抵抗心はものすごく下がるでしょう。売り込まれている感じがしないため、「この人は自分の味方だ」と感じるわけです。

そこまでお客様に信頼されると、商品のプレゼンテーションは決して難しくありません。セミナーや交流会を紹介するのと同じように商品を案内することができますし、お客様のほうも抵抗心なくその提案を受けてくれるでしょう。

その結果、商品は効率よく売れ、年収は三〇〇万円から五〇〇〇万円にアップしたわけです。この営業マンの事例からも、お客様との信頼関係の構築がいかに大切か、お分かりいただけるでしょう。

もしも最初から保険商品を案内されたり、売り込むことを前提にした質問しかされなかったりすれば、お客様の頭の中は「どう帰ってもらおうか」「どうしたら次に会わずにすむだろうか」という考えでいっぱいになります。

どんなに一生懸命、商品の説明をしても、それがお客様に伝わることはありません。商品が売れることもなければ、自分の年収がアップすることもないのです。

まとめ

Summary

お客様の話を
真剣に聴くことで
信頼が生まれる

お客様の
潜在的ニーズを
満たし、
強固な信頼関係を
築く

信頼関係が
十分に構築できて
いないうちは、
商品の説明をする
必要はない

Part2

第2部

ブライアン・トレーシーのセールス

厳選された7つのコンセプト

第4章

Chapter4

ニーズの把握

Identifying Needs

欲しそうだけれど、「検討します」で終わってしまう

住宅リフォームの営業をする平野さんは、お客様とのコミュニケーションには自信を持っていました。長い時間をかけてコミュニケーションを重ねたおかげで、友人のようなお付き合いをさせていただいているお客様もたくさんいます。お客様から食事やゴルフに誘われることも少なくありません。

お客様がそこまで自分のことを信頼し、親しくお付き合いしてくれることに平野さんは大きな喜びを感じていましたが、悩みもありました。どんなに親しいお客様にリフォームを提案しても、「まあ、検討しておくよ」とか「そのうちにね」という返事しか返ってこないのです。そして当然、その後にお客様がリフォームを申し込んでくれることはありません。

平野さんは、

「私は親しいお客様だからこそ、もっと安全で快適な生活を送ってもらいたいと思い、うちの会社のリフォームを提案しているのです。

工事のクオリティはもちろん、デザインや素材にも他社には絶対に負けません。広告をあまり出さないので知名度はないかもしれませんが、その分、コストパフォーマンスには自信があります。

それなのに何故、売れないのでしょうか？」

と悩みを打ち明けてくれました。私は平野さんに、

「確かに御社のリフォームは素晴らしいのかもしれません。でも、リフォームに関心やニーズがないお客様はあなたの話にまったく興味がないでしょう。そんなお客様にリフォームの提案をしても無駄ではないでしょうか。」

と言ったのです。

人は自分に直接関わる話にしか興味がありません。購買動機が高まっていないお客様に商品を提案しても、セールスは成功しないのです。

購入動機を高めるにはニーズの把握が不可欠

購入意欲がありそうなお客様に「検討します」と断られてしまうのは、お客様のニーズを把握しないままプレゼンテーションのステップに進んでしまったときによく見られるパターンです。

営業マンとしては自分の商品やサービスに自信があるからこそ、その素晴らしさを早くお客様に伝えたくなってしまい、思わずプレゼンテーションをしてしまうのでしょう。しかし、残念ながら

お客様はそんな話には興味がありません。お客様の購買動機が高まっていないのに、商品やサービスのプレゼンテーションに進んでも意味がないのです。

人は「私はこうなりたい」とか「これが欲しい」とか「こうなって欲しい」など、自分の話にしか興味がありません。自分が知っていたわけでも、関心があったわけでもない商品やサービスの話をされても、熱心に耳を傾けることはないでしょう。

お客様との間にラポールができ、信頼が構築されても、お客様が何を必要としているか、理解したわけではありません。お客様が本当は何を欲しいと思っているのか分からない段階で商品を勧めるべきではないのです。

たとえば堅実に倹約を大事にして会社経営をしている社長さんに「御社にぴったりの豪華なオフィスがあります。そのピカピカのオフィスなら良い人材が集まりますよ」と言っても、興味は湧かないでしょう。

それよりも「少々古い物件ですが、機能的で質実剛健なイメージのあるオフィスが手頃な価格で出ています」という提案をしたほうが、そのお客様は関心を示すはずです。

だからこそお客様の話を聴き、そこからお客様のニーズを汲み取ることが大切なのです。ニーズを把握し、それを踏まえた上で商品の説明をすれば、お客様はやっと興味を持ってくれます。ようやくお客様から「それはいくらですか」、「納品はいつになりますか」という話が出てくるわけです。

商品に関するお客様の「過去」「現在」「未来」を尋ねる

それでは、お客様のニーズを把握するためには、どうすればいいのでしょうか。

お客様のニーズを把握するためは、自分が扱う商品やサービスに関わるお客様の「過去」「現在」「未来」を聴かなくてはいけません。

たとえば住宅を販売する営業マンであれば、「ご自宅は今までどうされていたのですか？」、「今はどうされているのですか？」、「これからどうされるご予定ですか？」と尋ねるのです。そして、とくに「過去」と「現在」の話をたっぷりと、詳しく聴かせてもらいます。

なぜなら「未来」の話は、なかなか話しにくいからです。

「これからこうしようと思っています」と話すことは、自分が商品を買う動機を知らせることに他なりません。お客様としては、なるべくそんなことは話したくないでしょう。

またなかには自分がどうしたいのか、何が欲しいのか、お客様自身がはっきりと分かっていないケースがあります。自分でもよく分からないことを、他人に話すことはできません。

こうしたことを無理に聴きだそうとしても、会話は弾まないでしょう。円滑にコミュニケーションできなければ、次のステップに進みにくくなってしまいます。

だからこそ「過去」と「現在」に関する質問を投げかけることが大切なのです。「どこで、どんな住宅に住んでいたのですか」、「今のご自宅の住み心地はいかがですか」という質問なら、未来についての話よりもお客様も答えやすいでしょう。

お客様の未来の可能性を言葉で表現すればニーズが明確化する

「過去」と「現在」の話を一通り聴いてから、いよいよ「未来」の話に移ります。

とはいえ、ストレートに「どうしたいですか？」と質問するだけでは、お客様はなかなか答えてくれません。そこで自分のほうから、未来のさまざまな可能性を打診していくわけです。

「こういうことは考えていらっしゃいますか」、「こうされたいと思ったことはありませんか」、「キッチンがこうなったらいいと思いませんか」などと具体的に質問すれば、お客様も「確かに、そういうことをやってみたいと思っていたんだよね」とか「言われてみれば、そうなったらいいかもしれないね」と答えてくれるでしょう。

要するに、営業マンがお客様の未来の可能性を言葉で表現することによってニーズが明確化され、お客様自身が「自分はこれが欲しかったんだ」と気付くわけです。

それをどんどん繰り返していきます。たとえお客様から「うちは従業員三〇〇名だから」と言われても、いきなり「三〇〇名でしたら、このくらいのオフィスがいいのではないでしょうか」と提案するべきではありません。

さらに「今、三〇〇名いらっしゃるということですが、海外展開も目指していらっしゃるのですか」、「人数が増えたときには移転されるのでしょうか、それともいくつかの拠点に分散されるのでしょうか」と質問し、お客様のニーズを深堀していきましょう。

お客様の未来の可能性を幅広く打診し、潜在的なニーズをできるだけたくさん引き出すのです。お客様自身が気付かなかった可能性を打診し、「ああ、そういうのは良いよね」と言ってもらうことが大切です。

お客様の未来に関するヒントは、過去と現在の話をじっくり聴くことで見つかります。「今はこうしているけれども、本当はここに不満があって」、「ここがもう少しこうなればいいのだけれど」というお客様の話には、未来へのヒントが散りばめられているからです。

法人のお客様のニーズは三つだけ

法人のお客様を相手にセールスを行う場合、お客様のニーズを把握するのはそれほど難しくありません。法人のお客様のニーズは究極的には「売上アップ」、「コストダウン」、「時間の短縮（生産性の向上）」の三つしかないからです。

お客様がこの三つのうちどのニーズを持っているのかという視点でコミュニケーションをとれば、お客様のニーズは自ずと把握できるでしょう。

「媒体広告を出すことで見込み客をどのくらい増やし、最終的な売上を何％くらいアップしたいと考えているのか」

「最新のコピー機を導入することで、どのくらいのコストダウンを求めているのか」

「システムを導入することによって、どのくらい生産時間を短縮したいと思っているのか」

図15　法人のお客様のニーズ

法人のお客様のニーズは、究極的にはこの3点に絞られる

と、お客様のニーズをより具体的に、明確にすることができるのです。

二つの購入動機でお客様のニーズを特定する

人が物を買うのは、「取得の欲求」と「機会損失の恐怖」という大きな購入動機のいずれかがあるからです。要するに、これを買ったらこんなに良いことがあるという「取得の欲求」と、この機会を逃したら二度と手に入らないという「機会損失の恐怖」があるから、人は商品の購入を決めるのです。

ジェイもフューチャーペーシングの手法のところで「クロージング率を上げるためには『得る喜び』と『失う恐怖』を強く打ち出すことが有効だ」と言っていましたが、まさに同じことでしょう。

人は「この単価は今の時期だけですね。半年後はおそらくこの単価では出せません」とか「二〇年この仕事をしていますが、こんな掘り出し物は今までありませんでした。こんな掘り出し物に出会えるチャンスは今回くらいでしょうね」などと言われると、つい「今、決めなくては」と思ってしまうのです。

実は、この手法はお客様のニーズを特定するときにも非常に有効です。

コミュニケーションのなかで「取得の欲求」と「機会損失の恐怖」を高めるような話をしていくと、お客様のニーズも高まり、「今、買ってしまおうかな」、「このチャンスを逃したくないな」という反応が返ってくるでしょう。その反応を確認することで、お客様がその商品を本当に必要としているかどうかを判断することができるのです。

たとえば「この半年くらいしか、この価格で出ることはないんですよね」と伝えると、本当にその商品が欲しいお客様のニーズは高まります。そして「もう申し込みは始まっているの？」という反応が返ってくるのです

もしも「ああ、そうなんだ。景気が悪いから仕方ないね」という反応が返ってきたら、お客様がその商品をそれほど必要としていないことがわかるでしょう。その場合は別の可能性を打診し直し、本当のニーズを見つけなくてはなりません。そんな人に「今しかないから絶対に買った方がお得ですよ」と言っても仕方ないのです。

このように「取得の欲求」と「機会損失の恐怖」を与えながらお客様の反応を確認することで、より正確にお客様のニーズを把握することができます。お客様の「未来」の話をしていくときには、「取得の欲求」と「機会損失の恐怖」をうまく利用することが大切です。そして何よりも、お客様のより良い「未来」の実現のためにコミュニケーションをとる意識を忘れないことが大切なのです。

人はA→B→Cの三ステップで物を買う

ブライアンは、お客様のニーズを十分に把握するためには「満足」という感情を売っているという意識が必要だと、彼のABC理論のなかで伝えています。

ABC理論とは、人はA（現在地）→B（商品）→C（満足）というステップで物を買う、という理論です。

お客様にしてみれば、現在いる場所（A）から商品（B）をもらうことで満足を得る（C）のは当然でしょう。言い換えれば、ABCのステップをのぼるために商品を購入するわけです。

しかし現場の営業マンはどうでしょうか。なかには、お客様がABCのステップをのぼり、満足を得

図16　物を買う3つのステップ

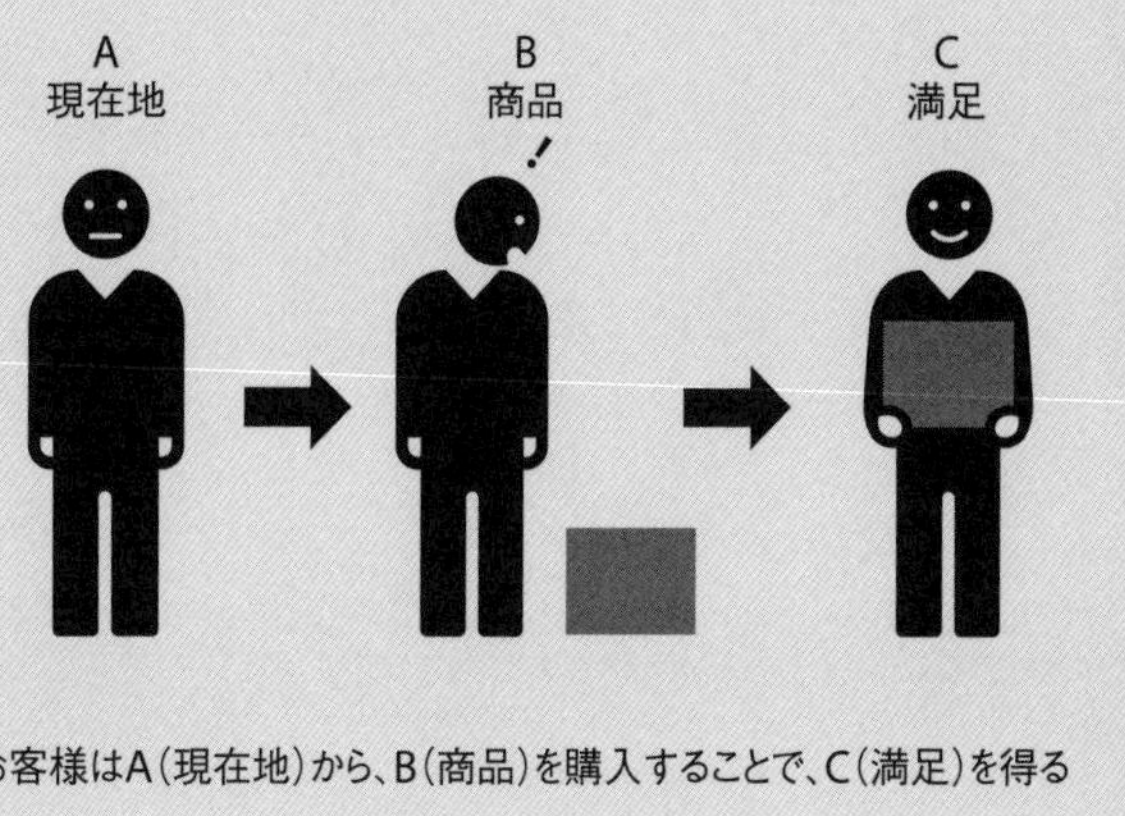

お客様はA（現在地）から、B（商品）を購入することで、C（満足）を得る

るところまでがビジネスであることを理解しないまま、商品（B）だけを売ろうとしている営業マンがいるかもしれません。実際、お客様の満足なんてそっちのけで、商品のことだけを伝えよう、商品さえ売れればいいと躍起になっている営業マンは少なくありません。

ブライアンはそうした営業マンに対し、自分がABCというステップでビジネスをやっていることを忘れてはいけない、と伝えているわけです。

そしてABCのステップで商品を売ろうと思ったら、お客様の満足がどこにあるかを把握した上で、その現在地（A）と将来の満足（C）を結ぶような商品（B）を提供する必要があるのです。

それを実践しようと思えばお客様のニーズを十分に把握することが不可欠となり、お客様の過去、現在、未来の話をより真剣に聴けるようになるのです。

ニーズを把握するとホットボタンが見つかる

お客様の本当のニーズを把握できると、ホットボタンが見つかります。

ホットボタンとは、ここを押すとお客様が絶対に買ってしまうというボタンです。営業マンはこのホットボタンを探すために、お客様とコミュニケーションをとり、過去、現在、未来の話を聴き、本当のニーズを見つけ出します。ニーズを把握するためのコミュニケーション＝ホットボタンを模索する作業、と言えるでしょう。

ホットボタンは人それぞれまったく異なります。

たとえば保険商品を販売する場合、「自分の老後の生活や年金が心配だ」という人にとっては「将来の安定した収入」がホットボタンになり得るはずです。たとえば、「ドル建ての金融商品なら、将来、安定した収入が得られますよ」と伝えれば、その商品に興味を持つでしょう。

「自分がいなくなったあとの家族の生活が心配だ」という人なら「家族の生活」がホットボタンになります。その場合、「このくらいの保証があれば、ご家族が安心して生活できますよ」と伝えます。

その他にも「病気のときに安心できる」ことがホットボタンの人もいれば、「少々リスクを伴っても儲かる」ことがホ

図17　ホットボタン

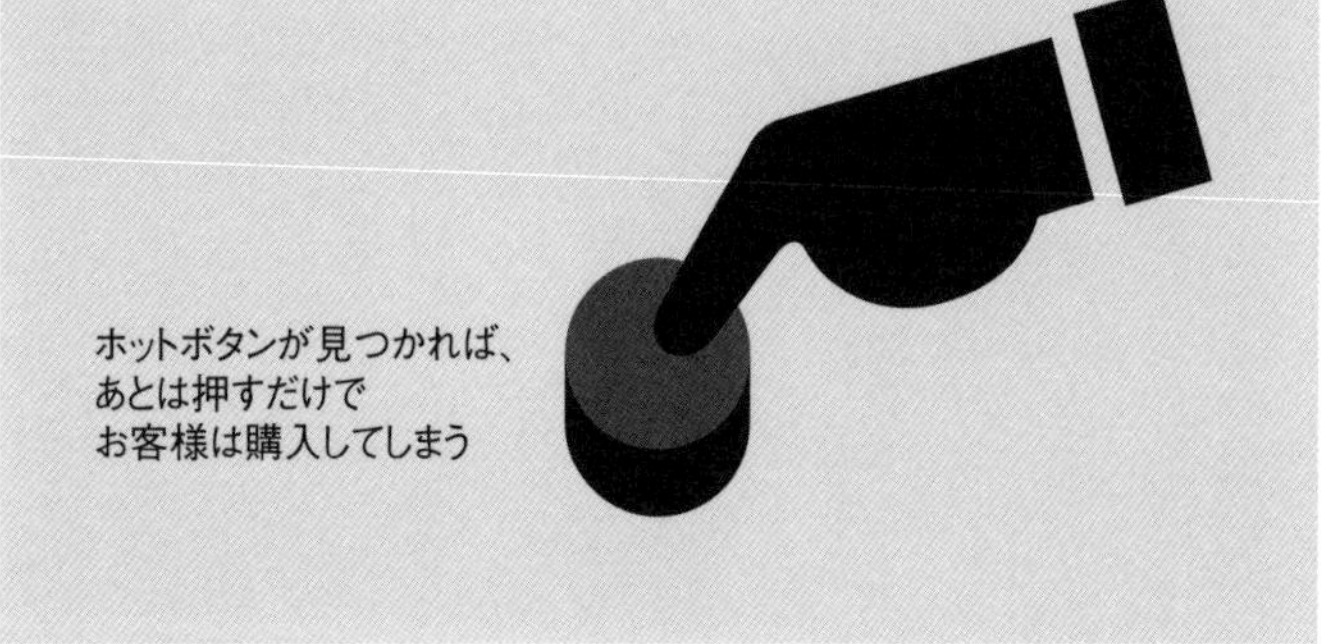
ホットボタンが見つかれば、
あとは押すだけで
お客様は購入してしまう

ットボタンの人もいるでしょう。その人のホットボタンが見つかれば、もっとも効果的なメッセージを伝えられるようになるのです。

初対面のお客様のホットボタンを見つけることは難しいでしょう。ラポールを築き、信頼関係を構築した積み重ねがあるからこそ、お客様は自分の困っていること、本当のニーズを打ち明けてくれます。信頼構築のステップを経ることで初めて、ホットボタンが分かるようになるのです。

本当のニーズを把握するまで「信頼構築→ニーズ把握」のステップを繰り返す

ときには、本当のニーズを把握できなかったり、間違って把握してしまったりすることもあります。

たとえば「業績が悪いし、社内の雰囲気も悪く、経営が苦しい」という会社の経営者が、実は資金調達や売上アップよりも、リーダーシップ研修やコミュニケーション研修などを求めてくるというケースは、よくあります。その会社自らが「企業研修で文化の醸成をしたい」とか「部門横断のリーダーシップ研修をしたい」と望むケースも少なくありません。

その場合、多くの研修会社の営業マンは何の疑いもなく「それならば、こんな研修があります」と提案しようとするはずです。

しかし、そのニーズの把握は間違っている可能性があります。いろいろな人の話をよく聴いてみると、業績悪化の原因は部門長のリーダーシップがないことや、営業マンのコミュニケーション能力が低いことではなく、単に予算管理や人事評価制度などの経営管理ができていないだけというケースもあるのです。

その場合、営業マンが提案すべきなのは企業研修ではなく経営管理のコンサルティングです。企業研修を導入しても、その会社の問題は解決できません。

このように、お客様自身も自分の本当の問題が何であるのか、分かっていないことはよくあります。だからこそ、ニーズの把握は慎重に行わなくてはなりませんし、もしもニーズが把握できなかったり、間違ってしまったりしたときには、ニーズを把握する作業を継続しなくてはなりません。

何とかニーズを把握しようと思ってコミュニケーションを続けていると、お客様との話が噛み合わなくなることもあるでしょう。こちらから打診する未来の可能性に、お客様が首を傾げる回数が増え、会話が弾まなくなるかもしれません。

それはお客様との共通項が減り、信頼関係が脆弱になっている状態です。そのときはもう一度、信頼関係を構築し直します。ラポールすら崩れかかっているならラポールを構築するステップまで戻り、ラポールを築くところからスタートします。

最初に逆戻りするのは不本意かもしれませんが、ラポールは信頼関係を築く土台であり、ラポールなくしてセールスは行えません。

そして本当のニーズを把握できるまで、その前の信頼構築段階の作業を何度も繰り返します。焦ることなく、信頼を得て、正しいニーズを把握してからプレゼンテーションのステップに進むことが非常に重要なのです。

ニーズを把握したら、自分がそれを満たせることを伝える、それがプレゼンテーション

お客様のニーズを把握したら、いよいよプレゼンテーションの準備に入ります。お客様のニーズを最後の最後まで把握した後、最後のひと言として「それでしたら、お客様にぴったりのものがあります」と伝えるのです。

「それなら良い物件があります」、「こんな商品があります」と言うと、お客様は「え、あるの?」と興味を持ち、自然とプレゼンテーションを聴く姿勢ができるでしょう。

「それならぴったりのものがありますので、次回、持ってきてもいいですか」

「それでしたら偶然資料だけ持っていますので、お渡ししましょうか」

と言って、ホットボタンを押すのです。

商品の説明をする必要はありません。「お客様のニーズを満たすことができます」と伝えるだけです。

この段階で営業マンの仕事の七割くらい進んでいると考えていいでしょう。昔の営業手法なら、すでにプレゼンテーションをし、クロージングに入っているくらいの時間を使っています。これだけの時間をかけて商品説明をし、「買いますか、買いませんか」という選択を迫りつつあるステップまで進んでいるわけです。

しかし、新しい営業手法では商品の説明すらしていません。このことからも、今の営業手法と昔の営業手法が大きく変わっていることが分かっていただけるのではないでしょうか。

まとめ

Summary

お客様の購入動機を
高めるには
ニーズの把握が
不可欠

ニーズを把握
するときには、
商品に関する
お客様の
「過去」「現在」
「未来」の話を聴く

ニーズを把握したら、
「それでしたら
ぴったりの物が
ございます」
というひと言で
お客様に
自分がそれを
満たせることを
伝える

Part2

第2部

ブライアン・トレーシーのセールス

厳選された7つのコンセプト

第5章

Chapter5

プレゼンテーション

Presentations

欲しいと言っていたのに…。なぜ断られるのか?

生命保険の営業をする山崎さんは、悩んでいました。山崎さんはお客様とのコミュニケーションも上手だし、お客様のニーズを把握する能力も十分に持っています。ところがプレゼンテーションの段階になったとたん、お客様は、

「やっぱり、今回はちょっと様子を見ようかな」

と申し込みを躊躇するのです。山崎さんは、

「長い時間をかけて信頼関係を築いてきたお客様だからこそ、自分の提案が受け入れられなかったときはショックが大きくて、なかなか立ち直れません。

お客様が保険に入りたいと話していたのは嘘だったのでしょうか。せっかく良い人間関係が築けたと喜んでいたのに…」

とうなだれました。私は山崎さんに、

「お客様のニーズを一〇〇%以上理解してから、プレゼンテーションをしていますか。表面的なニーズを把握しているだけでは、商品はなかなか売れません。

それにどんなに欲しいと思っているお客様にも、『商品を買わない理由』というものが存在しま

す。その理由を取り除くようなプレゼンテーションをしない限り、商品はなかなか売れないでしょう。強固な信頼関係を構築している場合でも、お客様にプレゼンテーションするときには十分な準備を整えてから臨むべきです」

と言いました。

確かにお客様との信頼関係を構築し、ニーズも把握できていれば、商品を購入してもらえるまであと少しです。しかし、そこで焦ってはいけません。プレゼンテーションの役割を理解し、その準備を十分に整えてからプレゼンテーションに臨むことが大切なのです。

お客様との関係構築も、ニーズの把握もうまくいっているのになぜか売れないという悩みを持っている人は、自分のプレゼンテーションを見直してみるべきでしょう。

お客様のニーズを一〇〇%以上理解するまでは商品を売ってはいけない

ブライアンは、「ニーズなければセールスなし」というのがプレゼンテーションの大前提だと言っています。つまり、お客様のニーズがない限り、絶対に商品を売ってはいけない、お客様のニーズを一〇〇%以上理解するまで売ってはいけない、と言っているわけです。

それでは、一〇〇％以上のニーズとはどういうことでしょうか。

一〇〇％のニーズとは、お客様が「こういう商品が欲しい」と思っているものに他なりません。たとえば「家族のために保険に入りたい」というお客様がいたなら、「将来、家族が生活するのに十分な保証を得られる保険商品」が一〇〇％のニーズでしょう。

しかしそのお客様が「家族向けの保険に入りたい」と思うのには何らかの理由があるでしょう。たとえばその家のお嬢さんには生まれつきの障害があるため、そのお嬢さんの生活だけは守ってあげたいなどの背景や理由があるはずなのです。

あるいは「効果の高い企業研修を導入したい」と言う人事部長には、社長から「我が社の企業研修はどうなっているんだ」と叱られてしまい、新しい研修を導入しなくてはならない、うまくやらないと評価に影響するかも…、といった不安や心配が背景にあるかもしれません。その場合、「効果の高い企業研修を導入して、社長に認めて欲しい。自分の評価を上げたい」というニーズも隠れているでしょう。

しかも「自分の評価を上げたい」というニーズのさらに奥には、「自己顕示欲を満たしたい」、「収入を増やしたい」、「出世して自分の管理能力を試したい」、「キャリアアップしたい」、「やりがいを求めている」などのニーズが潜んでいます。

マズローという心理学者の欲求段階説にもあるように、人間はある欲求が満たされると、より高次の欲求を満たそうとします。「生理的欲求」が満たされれば、自分や家族を危険から守りたいという「安全への欲求」を満たそうと思うし、次には仲間はずれにされたくない、人から愛されたいという「社会的欲求」を満たそうとします。次には自分の能力に自信を持ちたい、他人からも認められたいという「自我欲求」を満たそうとし、最後には自分の潜在的能力を顕在化させたいという「自己実現欲求」を満たそうとするわけです。

お客様がどの欲求段階に到達しているかにより、お客様が心の奥底で本当に望んでいるものは変わってくるでしょう。そこまで理解した上でプレゼンテーションをすることができれば、商品やサービスは

図18　マズローの欲求5段階

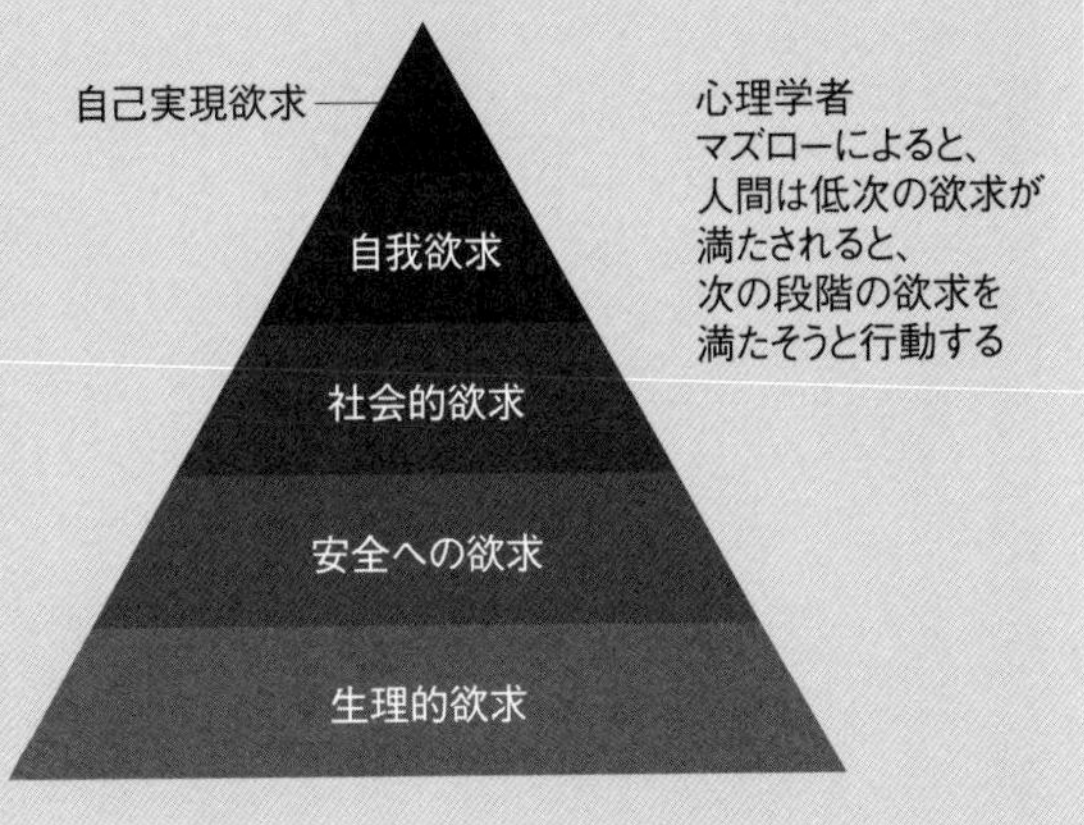
自己実現欲求
自我欲求
社会的欲求
安全への欲求
生理的欲求
心理学者
マズローによると、
人間は低次の欲求が
満たされると、
次の段階の欲求を
満たそうと行動する

確実に売れるはずです。

要するに、ブライアンの言う一〇〇％以上のニーズとは、お客様の表面的なニーズの後ろにある背景や理由を理解し、お客様の潜在的なニーズをできるだけ奥深く探ること、そしてお客様が本当に欲しているものを把握することに他なりません。それができるまではプレゼンテーションのステップに進むことはできない、というのがブライアンの教えなのです。

シックス・ヒューマンニーズでお客様の潜在ニーズを探る

それでは、お客様のニーズを一〇〇％以上理解するためにはどうしたらいいのでしょうか。お客様がどの欲求の段階にいるのかは、「お客様の潜在的なニーズを探ろう」という意識を持ってラポールを築いたり、信頼を構築したりしていれば、会話の端々で何となく見えてくるはずです。

たとえば会話のなかに家族のことがたくさん出てくれば、「この人の価値観のなかでは、家族がものすごく大きい割合を占めているな」ということが分かるでしょう。常に「うちの社長はこう言っていて…」とか「たぶん社長ならこう言うのではないか」という言葉が出てくるなら、そのお客様は相当に社長を意識していることが分かるわけです。

アンソニー・ロビンズが提唱しているシックス・ヒューマンニーズを理解し、お客様がどのニーズを満たそうとしているのか、という視点でお客様の話を聴くことも非常に有効でしょう。

シックス・ヒューマンニーズとはその名の通り「人間の六つの欲求」であり、人間が生きる上で必要としている「安定性、安心感」、「変化（多様性）」、「自己重要感」、「愛とつながり」、「成長」、「貢献」という六つの欲求を指します。

一つ目の「安定性、安心感」とは、安全に、安心して暮らしたいという欲求です。生活が脅かされることのないよう、安定的な収入を得たいと考えるわけです。

しかし安定した変化がまったくない生活ばかり続けていると、人は嫌になってくるでしょう。そこで二番目に「変化（多様性）」という欲求を持ちます。

たとえば毎日うどんばかり食べていると飽きてしまい、たまにはトンカツを食べたいと思うかもしれません。ずっと同じ仕事をしてきた人が急に転職を思い立つこともあるでしょう。

このように「今まではちょっと違うことをしてみたい」というのが「変化（多様性）」の欲求です。

三つ目の欲求が「自己重要感」です。人はこの欲求を満たすために、社内で重要な役職に就きたいとか、高い地位に就いて周囲に自分の価値を示したいと思うわけです。

そして四つ目が、人とつながりたい、家族と強いつながりを持ちたいという「愛とつながり」の欲求です。

実は「自己重要感」と「愛とつながり」は、相反する欲求です。たとえば会社の経営者として成功したいという欲求を満たすために、家庭を顧みず仕事三昧の日々を送っていれば、家族とのつながりは薄れていくでしょう。偉くなって周囲から尊敬されるようになれば、気軽に親しく話しかけてくれる人もいなくなります。

一方、「愛とつながり」を意識して周囲の人たちと仲良く、楽しく過ごそうと思えば、偉い人のような特別感を持った扱いを受けることもなく、「自己重要感」は満たされません。

また一つ目の「安定性、安心感」と二つ目の「変化（多様性）」も相反する欲求です。定職に就いて安定した収入を得たい、安定した生活を送りたいけれども、ずっと同じ仕事をしていると飽きてしまうでしょう。しかし変化を求めて常に転職を繰り返していると、収入も安定しないし、気持ちも満たされません。

人間はこうした相反する欲求の間を揺れ動きながら、バランスをとって生活しているのです。しかし、ときにはそのバランスを失ってしまう場合もあります。仕事はすごくうまくいっているのに、家庭がうまくいっていない、プライベートが充実していないという話は少なくないのです。

「成長」と「貢献」の欲求を満たせば すべて欲求が満たされる

アンソニー・ロビンズは、この四つの欲求を矛盾なく満たすためには、五番目の「成長」と六番目の「貢献」の欲求を満たすことが大切だとしています。

自分を成長させるためにはいろいろな経験をする必要があるでしょう。常に新しい経験をすれば「変化」のニーズが満たされるのはもちろん、その経験のなかで身につけたビジネススキルや投資技術などで収入を「安定」させることができます。

自分が成長しているという自信が高まることで「自己重要感」も得られるし、素晴らしい仲間と楽しい経験を重ねることで「愛とつながり」も得られるでしょう。家族や仲間と良い関係を築きながら、

図19　アンソニー・ロビンズのシックス・ヒューマンニーズ

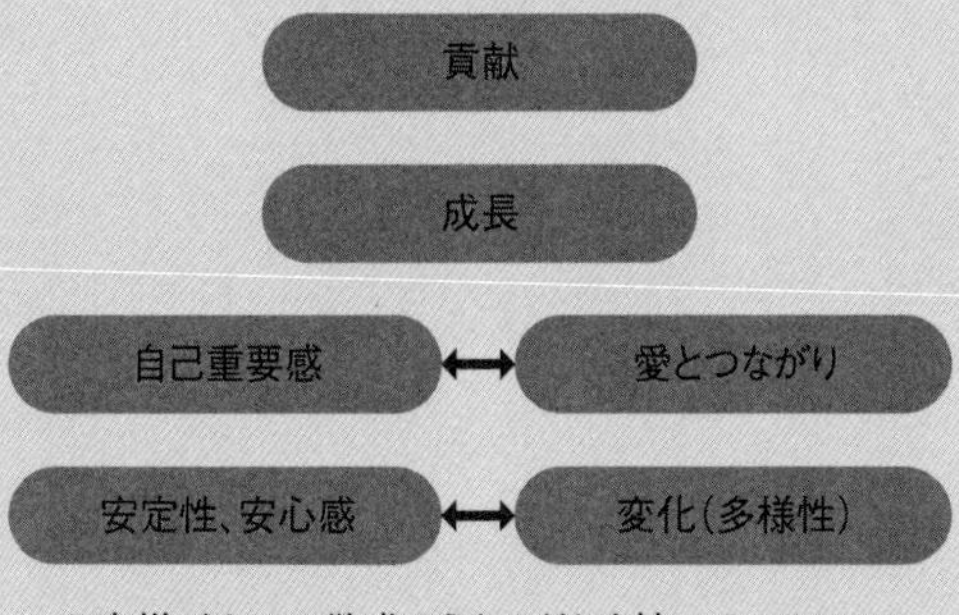

お客様が六つの欲求のうちのどれを持っているか、という視点を持てば、お客様のニーズが捉えやすくなる

社会においては重要な役割を担っている、という理想の状態を実現することができるのです。

また、誰かに何かをしてあげたいという「貢献」の欲求を満たそうとすれば、必ず何らかの仕事が見つかります。しかも相手のニーズを満たしてあげるためには、画一的な仕事を機械的にこなすわけにはいきません。その結果、「安定性」と「変化」の欲求を満たすことができるのです。

貢献することで誰かから必要とされたり、感謝されたりすれば、「自己重要感」も満たされるし、「愛とつながり」も得られるでしょう。

四つの欲求をバランスよく満たすためには、「成長」と「貢献」の欲求を高めて満たすことが非常に有効なのです。

アンソニー・ロビンズのシックス・ヒューマンニーズを理解することは、お客様の潜在的なニーズを理解する上でとても役に立ちます。六つのうちお客様がどの欲求を持っているのかという視点を持てば、お客様のニーズを捉えやすくなるでしょう。

お客様の潜在的ニーズを満たすようなプレゼンテーションをする

お客様が持っている欲求が分かったら、その欲求を満たすようなプレゼンテーションをします。

たとえば企業研修を導入して「社長に認められたい」と思っている人が、その背景に「自分の立場を脅かされたくない」という欲求を持っているとしましょう。今まで社長に嫌われてクビになった同僚をたくさん見てきたため、「自分はクビになりたくない」という強い欲求を持っているのです。

その場合、その企業研修を導入することでお客様の成果が保証されることを、強く伝えていきます。「貴社社長に対するレポートは我々がサポートしますので、ご安心ください」、「こういう方法でデータを取り、定期的に研修の効果を測定し、報告します」などとプレゼンテーションすれば、お客様は「そこまでやってくれるなら安心だ」と思うでしょう。

変化を求めているお客様であれば、「今までにないものです」、「こういう形で定期的に更新していきますから、常に新鮮な感覚を味わっていただけます」といった内容を伝えると効果的ですし、成長を求めるお客様には「こうすることによって次のステップに進むことができます」、「こういう自分になれます」というように、良い未来を示してあげるといいでしょう。貢献を求めるお客様には、その提案を受け入れることが社会貢献につながることを伝えます。

お客様の価値観を明確にすることがニーズの把握を助けてくれる

お客様が二つの欲求の間で揺れ動いているケースもあるでしょう。たとえば家を求めているお客様が「変化」を求めていると判断した場合、営業マンは「新しい街に引っ越して、新しい生活を始めてはいかがですか」と提案します。

しかしそのお客様は「安定性」も同時に求めています。引っ越しなどしないで、住み慣れた街でより安心、安全に暮らしたいという欲求も持っているのです。

そうして「変化」と「安定性」で揺れ動いているお客様に対して「変化」の欲求を満たすような提案をしても、「やっぱりやめておこう」と言われてしまう可能性は十分にあるでしょう。

そうした事態を防ぐために効果的なのが、お客様の価値観を明確化することです。

人は無意識のうちに、自分の価値観によって行動を決定しています。価値観を明確化することによってお客様の行動が予測できるようになり、より的確なプレゼンテーションができるようになるのです。

価値観を明確化し、その優先順位（バリュー・ハイアラキーと呼ばれています）をつける方法としてアンソニー・ロビンズが提唱しているのは、二人一組になって、

・自由、誠実、仕事、家族など、自分にとって大事なこと、価値観をすべて書き出す
・相手に「自由と仕事、どちらが大切ですか」と質問してもらい、それに答える
・すべての価値観を比較し、優先順位をつける

という作業を行うことです。

この作業を行うことによって、自分が何かに悩んだときにどちらを選ぶかが明確になるでしょう。今まで自分がどうしてこのような人生を歩んできたのかも、はっきりと分かります。価値観は人生の設計図とも言えるのです。

もちろんお客様を相手にこの作業をすることはできません。ですがコミュニケーションをとっているときに、「日曜日に家族ででかける約束をしていたのに、急に仕事の付き合いが入ってしまうときってありますよね。○○さんだったら、その誘いを断りますか」という質問をすることはできるでしょう。その答えによって、お客様の価値観の優先順位を推し量ることは可能なはずです。

そうしてお客様の価値観を明確にしていくと、お客様が最終的に「仕事」と「家族」のどちらを選択するかが分かります。どういうプレゼンテーションをして、何を伝えればいいのかが分かるのです。

お客様の「だから何？」に答えるプレゼンテーション

お客様のニーズを一〇〇％以上理解したら、いよいよプレゼンテーションを行い、自分の商品やサービスがそのニーズを満たすことを伝えます。そのときは“So what?”「だから何？」とお客様に聴かれることに対して答えるような形でプレゼンテーションを進めていかなくてはなりません。

そのときのキーワードは“What in it for them?”「これは彼ら（お客様）にとって何の意味があるのか」という質問です。この質問に対する答えが盛り込まれていないプレゼンテーションは、お客様にとって何の意味も持たないでしょう。

たとえば「弊社の歴史は〇〇で、こんな実績があります。さらに弊社にはこんな特徴がありまして、こういう方針、理念に基づいて経営をしております。この商品はこういう特性を持っておりまして、熟練した職人が二〇日間もかけて制作しております」というプレゼンテーションをしても、「お客様にとって何の意味があるのか」という答えはまったく盛り込まれていないでしょう。

お客様側からすれば“What in it for me?”「これは私にとって何の意味があるの」という質問に答

えてくれるようなプレゼンテーションでなくては、聴く意味がないのです。

ですからプレゼンテーションを行うときには常に"What in it for them?"という質問を頭に置き、その質問に答えるような配布資料をつくってプレゼンテーションを進めていかなくてはなりません。

お客様が感じている「失敗の恐怖」を取り去る

プレゼンテーションでもう一つ大切なのは、失敗の恐怖を取り去ることです。

人は必ず「購入しても効果がないのではないか」、「購入しても無駄になるのではないか」という失敗の恐怖を持っています。そうした失敗を恐れるが故に、人は購入を躊躇するわけです。プレゼンテーションでは、そうしたお客様の恐怖を取り除いてあげることが大切でしょう。

失敗の恐怖に関しては、お客様とのコミュニケーションのなかで発見するのも大切ですが、他のお客様に商品やサービスを購入していただけなかった理由を整理し、それをあらかじめ把握しておくことも大前提となります。

「価格が高すぎるから」という理由で買わない人が多いのか、「自分では使いこなせそうにないから」という人が多いのか、「壊れやすそうだから」という人が多いのか、商品ごとにさまざまな理由があるでしょう。その商品ごとの特性に合った買わない理由を把握することが大切なのです。

そしてその理由をなくしていきます。たとえば「他のメーカーの商品よりも壊れやすそう」と購入を躊躇するお客様が多いなら、一〇年間保証をつければお客様は安心するでしょう。

実際、韓国最大の自動車メーカーであるヒュンダイは、一〇年間の品質保証をつけたことで、アメリカでの販売台数を大幅に増やしました。買わない理由がなくなれば、お客様は商品を購入してくれるのです。

もちろん、お客様が個人的に購入を躊躇する理由を持っている場合もあります。たとえば「妻の了承を得るのが難しいから」という理由で購入を渋るお客様もいるかもしれません。それならば奥さんもプレゼンテーションの場に呼んでしまうとか、奥さんにとっての商品購入メリットを付け加えるなどの工夫をして、お客様が買わない理由をなくしていくのです。

その商品が自分のニーズを一〇〇％以上満たしてくれることが分かり、買わない理由がなくなったお客様は、確実に商品を購入してくれるはずです。

十分なプレゼンテーションの準備を整える

プレゼンテーションの手法で大切なのは、一般論から具体論に話を進めることです。たとえばシステム開発会社があるソフトをプレゼンテーションするときに「このパッケージソフトは他社と比べてお得です」といきなり説明しても、理解してくれる人はいないでしょう。

しかし「社長のお話からも分かる通り、貴社全体としてはこういうビジョンがありますね。社員についても、こういうことが求められています。だからこそ、社員のみなさんにはこのシステムで情報管理をしてもらわないといけないのです」という前置きをしたあと、「そのためには、このソフトのこの機能が非常に効果的です」と説明したら、聴いているお客様は「なるほど」と納得するのではないでしょうか。

そしてその後、「さらにこういう機能を使えば、こういう効果も得られるでしょう」とか「なぜ、そう考えるかというと…」などと詳しい説明をしていきながら、お客様に合意してもらいたいポイントを明確にしていきます。つまり、なぜこの価格になるのかということを具体的に説明し、価格の妥当性を伝えるのです。

価格が妥当だと理解してもらうことができれば、お客様の買わない理由は一つなくなります。お客様が商品、サービスを購入する確率を上げることができるわけです。

そしてもう一つ、プレゼンテーションの手法で効果的なのは、Q&Aによるストーリー仕立てのプレゼンテーションをつくることです。

たとえばパワーポイントを使ってプレゼンテーションを行う場合、あるページで何らかのコンセプトを伝えるときに、「あれ、この部分はどうなっているのだろう」というクエスチョンをあえて浮かび上がらせます。そして次のページにそのクエスチョンに対する回答を書いておき「あ、それについてはですね…」と説明するわけです。

こうしてQ&Aでつないでいくと、非常にスムーズにプレゼンテーションが進んでいきます。

顧客を関わらせ、頼むから売ってくれと言わせる

プレゼンテーションにお客様自身を関わらせることも非常に有効です。

たとえばプレゼンテーションの前提条件のところで、相手企業のホームページに記載されていた「スピードが大事だ」という社長の発言をそのまま利用し、「社長が『スピードが大事だ』とおっしゃっているということは、早急にシステムを導入しなくてはなりませんよね。我々も御社のスピー

ドに合わせますから、すぐに導入しましょう」と言うわけです。

相手企業の社長のメッセージをそのまま使っているため、これについては誰も「ＮＯ」と言うことはできません。

その上でさらに「社長にただちに導入しろと言われたときのプランはこうなっています。その準備は整っておりますので、ぜひ導入しませんか」と説明すれば、担当者は「それはやらないとまずいな」と考えるでしょう。

社長の発言や記事をプレゼンテーションに利用するのは、コンサルティング会社などでよく使われる手法です。グローバル戦略をプレゼンテーションする場合など、「私どもは会長がこのようにおっしゃっていると理解しています。このお考えに従いますと、これを導入しない手はありません」と言うわけです。

個人のお客様の場合でも、「先日、ご主人がいらっしゃらないときに奥様とお話しさせていただいたとき、奥様はこんなことをおっしゃっていました。奥様も長い間お悩みだったようですね」と言えば、お客様は「妻がそう思っているなら、やっておこうかな」と考えるでしょう。

お客様の発言をプレゼンテーションに活用するのは、非常に有効なのです。

また、プレゼンテーション自体に質問を交え、お客様自身に発言してもらうのも、お客様を関わらせる方法の一つです。

たとえば生命保険の営業マンがプレゼンテーションをする場合、「今、何歳でいらっしゃいますよね。この表を見ていただくと、今、いくらくらいになっているか、お分かりになりますか」と質問し、お客様に「ああ、今だとこのくらいですね」と答えさせるわけです。

さらに「二年後くらいに考えようとおっしゃっていましたけれど、そのときの保険料を見てみてください」と言えば、お客様からは「結構、値段が上がっていますね」という反応が返ってくるでしょう。そうしたら「そうなんです。とてももったいないんですよ」と返して、お客様をコミュニケーションに巻き込んでいきます。

要するに、本来なら営業マンが「早く入らないと保険料が高くなりますよ」と言わなくてはいけないことを、お客様に代わりに発言してもらうのです。するとお客様が自分自身にプレゼンテーションをしているような状態になり、お客様は「なるほど。それだったら、ぜひ今入りたい」と思うでしょう。

これがまさに「では、頼むから売ってくれ」という状態です。お客様がこの状態になったらセールスの九〇%は終了したと考えていいでしょう。あとはクロージングを残すだけです。

まとめ

Summary

お客様のニーズを一〇〇％以上理解するまでは商品を売ってはいけない

ニーズの把握を助けてくれる「シックス・ヒューマンニーズ」と「価値観の明確化」

お客様を関わらせ「頼むから売ってくれ」と言わせる

Part2
第2部
ブライアン・トレーシーのセールス
厳選された7つのコンセプト

第6章
Chapter6

クロージング
Closing

いよいよクロージングだと思うと、緊張してしまう…

自動車の営業マンとして働いている谷本さんは、思うように営業成績が上がらずに困っていました。商品をプレゼンテーションする段階までは進むのですが、最終的に申し込んでくれるお客様がなかなかいないのです。

谷本さんは、

「普段はあんなにうまく話せるのに、『今日こそ注文してもらわなくては』と思ったとたん、緊張して何を話せばいいのか分からなくなるのです。

いったい私はどうしたらいいのでしょう。クロージングが苦手なせいで、それまでの努力がみんな水の泡になってしまいます」

と、ため息をつきました。そんな谷本さんに、私は、

「プレゼンテーションまでのステップをきちんと踏んでいるなら、心配しなくても大丈夫です。クロージングのコツを理解すれば、たくさんの注文をいただけるようになりますよ」

と答えたのです。

谷本さんのように「クロージングが苦手、できればやりたくない」という営業マンは少なくない

でしょう。クロージングは営業マンも、お客様も緊張するので居心地が悪く、つい逃げ出したくなってしまうのです。

しかしプレゼンテーションまでのステップをきちんと踏んでいるなら、クロージングを恐れる必要はないでしょう。クロージングをするタイミングと技術を習得すれば、スムーズにクロージングできるようになるはずです。

クロージングのタイミングを教えてくれる七つのサイン

クロージングの必要条件は、お客様が購入する気になっていることに他なりません。そしてお客様が購入する気になったかどうかは、七つのサインによって見極めることができます。次に挙げる七つのサインのいずれかをお客様が示したら、お客様が買う気になっていると考えていいでしょう。

①価格に関する情報を知りたがったとき

一つ目のサインは、お客様が価格に関する情報を知りたがったときです。「分割払いはできるのですか」、「クレジットカードでも買えるのですか」など、価格や支払条件について聴いてくるお客様は、購入意欲が高まっていると考えていいでしょう。

② 細かい情報を聴きたがるとき

二つ目は、細かい情報を聴きたがるときです。何となく話を聴いてやり過ごしているだけだったお客様が真剣になり、「この商品はこういうケースでも使えるのですか」、「こういう問題が起きたときはどう解決したらいいのですか」などと詳細な質問をし始めたら、商品に対する関心が高まってきた証拠です。

③ 配送に関する質問が出たとき

三つ目は、配送に関する質問が出たときです。「商品は届けてもらえるのですか」、「何日後くらいに届くのですか」、「着払いは可能ですか」などの質問が出るのは、商品を購入したときのことをリアルにイメージしているからに他なりません。

④ 姿勢を変えたとき

四つ目のサインは、お客様が姿勢を変えたときです。何となく気持ちが高まって、ついつい身体が前のめりになる、という経験は誰にでもあるでしょう。椅子の背もたれに寄りかかって話を聴いていたお客様が座り直し、真剣に話を聴く姿勢になることもよくあります。こうした姿勢の変化は、お客様の購入意欲が高まったサインということです。

⑤数字を計算し始めたとき

五つ目のサインは、お客様が数字を計算し始めたときです。おもむろに電卓を取り出して月々のコストを計算したり、「年間で使うとしたら投資効果はどのくらいになるのだろう」などと具体的な数字を考え始めたりしたら、お客様は購入後のことをリアルに考え始めているはずです。

営業マンに対する質問がなくても、お客様が自分で、車の燃費を「リッター当たり何キロくらい走ったら…」と計算し始めたり、購入予定のオフィスの坪単価を計算して今と比較し始めたりしたら、それがサインです。そのサインが出た瞬間を見逃さないようにしましょう。

⑥嬉しそうな表情をしたとき

六つ目は、嬉しそうな表情をしたときです。たとえば「こういう設備が入ると奥様が喜ばれますよね」、「お子様にこういうプレゼントを購入する機会はなかなかないですよね」と言われれば、お客様は奥さんや子どもが喜んでいるシーンを思い浮かべ、嬉しそうな表情を見せるでしょう。あるいは「新しい車だったら…」と言われれば、新車でドライブしているときの雰囲気を思い浮かべて、楽しそうな表情になるかもしれません。

嬉しそうな表情をした瞬間、お客様は商品を買ったあとの良い未来を頭に思い描いています。気分が高揚し、購入動機も非常に高まった状態なのです。

⑦ 煙幕の反論を始めたとき

そして最後が、煙幕の反論を始めたときです。煙幕の反論というのはブライアン独特の用語で、雲がかかったような論理的でない反論のことです。忍者が煙に隠れて逃げるように、言葉を濁してその場をごまかすわけです。

「万が一のときが心配で…」と言って保険を検討していたお客様が「まあ、まだまだ元気だから大丈夫だろう」といった訳の分からない反論をする場合、実は購買意欲が高まっていると考えていいでしょう。論理的でない理由で断ろうとしたり、要らないことを説明しようとしたりするのは、その商品を欲しがっている証拠です。

要するに、プレゼンテーションで買わない理由がなくなって購買意欲が高まっているが故に、欲

図20　クロージングのタイミングを教えてくれる7つのサイン

1	価格に関する情報を知りたがったとき	価格や支払条件について聴いてくる。
2	細かい情報を聴きたがるとき	真剣な態度で、具体的かつ詳細な質問をし始める。
3	配送に関する質問が出たとき	「何日で届くのか」「着払いは可能か」など、配送に関して質問が出る。
4	姿勢を変えたとき	前のめりになる、座り直すなど、お客様が話を聴く姿勢を変える。
5	数字を計算し始めたとき	購入後の費用対効果など、具体的な数字を計算し始める。
6	嬉しそうな表情をしたとき	お客様が購入後の良いイメージを思い描いて、嬉しそうな表情をする。
7	煙幕の反論を始めたとき	言葉を濁してその場をごまかしたり、論理的でない反論をしてきたりする。

しい気持ちを知られたくない、欲しい自分をごまかさなくてはいけない、ここで買ってしまってはいけないという気持ちが湧き、非論理的な反論をし始めるのです。

煙幕の反論を始めたお客様は、決して買いたくないわけではありません。説得してほしくてごちゃごちゃと言っていると理解すべきでしょう。このごちゃごちゃにとまどうことなく、落ち着いて、沈黙した後で冷静にクロージングをすればよいのです。

プレゼンテーションのステップに入り、商品の話を始めたら、お客様がサインを出していないか、常に注意して観察することが大切です。サインを意識して話していれば「この人は本気で悩み始めているな」ということはすぐに分かるようになるでしょう。

お客様が七つのうち一つでもサインを示したとき、つまりお客様が買う気になっていることが分かったときこそ、クロージングのタイミングです。その瞬間を逃さずにクロージングに入ります。

お客様の支払意欲を高める五つの方法

購買意欲が高まっているお客様にとって、もっとも気になるのが「価格」です。多くのお客様は価格への抵抗を示しますから、それにうまく対処しなくてはなりません。

もちろん経済的な余裕がなくて支払能力のないお客様なら、どんなにがんばってもこの抵抗を取り除くことはできないでしょう。しかし支払能力がないお客様がクロージングのステップまで進むことはあまり考えられません。

お客様が価格への抵抗を示したら、支払能力があることを前提として、とにかく支払意欲を高めていくことが大切です。ブライアンはお客様の支払意欲を高める手法を五つ、提唱しています。

①価格への抵抗は単なる質問と捉える

まず一つ目が、価格への抵抗は購買の障害ではなく、単なる質問と捉えることです。

お客様が価格への抵抗を示した場合、まずは「商品を購入して、私に何のメリットがあるの」というお客様の質問として捉えましょう。「うちにはそんな余裕がありません」、「今、ちょっと厳しくて」というお客様の言葉は、プレゼンテーションでの説明が不十分で購買意欲が高まっていないことを証明しているに過ぎません。

その場合、プレゼンテーションに戻ってお客様にとってのメリットをきちんと伝えます。そしてお客様の購買意欲を十分に高めてから、再度、クロージングのステップに進むのです。

② 支払方法を提案する

メリットを伝えて購買意欲を高めても、お客様の価格への抵抗はなかなかなくならないでしょう。お客様から「メリットがあることは十分に分かった。現金さえあれば買うんだけれど」と伝えられるケースは少なくありません。

そのときは二つ目の方法として、支払方法を提案し、購入をサポートします。

「こういう分割のプランもございます。今なら手数料も特別お安くなっていますから、この機会に買わないともったいないですよ」

「まずは頭金として代金の一割をお支払いいただければ、残りは一〇ヶ月分割でお支払いいただけます」

など、分割払いの提案をするのが基本です。

③ 今期の予算枠を広げられるか、あるいは来期の予算を使えるか、質問する

「予算の枠があって、今期は厳しい」と言われることもあるでしょう。

その場合は三つ目の方法として、今期の予算枠を広げることはできないかどうか、来期の予算を使えないかどうかを打診します。つまり、

「来期の予算はどうなっていらっしゃいますか。今期と来期に分けてお申し込みいただくというのはいかがでしょうか」

「今期の予算枠を広げることは可能でしょうか。今回、この商品を導入することによってかなりのコストダウンが図れることがお分かりいただけたと思います。投資していただく金額以上は確実にコストを下げることができますから、そのコストの分、予算枠を広げて導入するのも一つの手ではないでしょうか」

と支払方法をアドバイスし、お客様が商品を購入するサポートをするわけです。

なかには今期の予算枠で購入できそうなのに、「高すぎる。こんな金額、うちではとても出せないよ」というお客様もいるでしょう。そのときは「なるほど。それでしたらお客様はどのくらいのご予算でいらっしゃったのでしょうか」、「お客様のご予算とはどのくらいの差がありますか」と質問します。

こんなケースもあります。「今期の予算枠の残りは七〇万。うちでは七〇万円までしか払えないよ」と声を荒げて訪問先の社長が答えました。そのときの見積書を見たら、七〇万五〇〇〇円です。購買意欲が高まっているお客様は少しでも値引をしたい、少しでも安い価格で買いたいと思っているだけなので、値引しなければならない差額は意外と小さいことが多いのです。

差額が小さければ「かしこまりました。では、七〇万円で承らせていただきます」とクロージングしてしまうこともできるでしょう。場合によってはオプショナルのサービスをなしにして「このサービスをなくせばご予算内に収まりますから、良かったですね」と提案することもできます。

④ 価格が高い理由を説明する

現金や予算には十分な余裕があるのに「思っていたよりも高いですね」とか「高すぎる」と言われることもあるでしょう。

そのときは四つ目の方法として、価格が高い理由を説明します。「高い」と言うお客様はこれほど高い商品やサービスを購入する合理性を聴きたい、納得させてほしいと思っています。そこで「なぜならば…」と高い理由を説明するのです。「なぜならば…」がキーワードです。「なぜならば、通信速度が他の商品と比べて圧倒的に速いんです」などと価格の妥当性を説明できればお客様は納得し、購入を決断できるでしょう。

⑤ 他社よりも高い理由を説明する

そして最後の方法が、「競合他社と比較すると高い」と言われた場合の対処法です。

図21　支払意欲を高める5つの方法

1	価格への抵抗は単なる質問と捉える	価格への抵抗は購買の障害ではなく、単なる質問と捉える。
2	支払方法を提案する	分割払いなどの支払方法を提案し、購入をサポートする。
3	今期の予算枠を広げられるか、あるいは来期の予算を使えるか、質問する	今期の予算枠を広げることはできないかどうか、来期の予算を使えないかどうかを打診する。
4	価格が高い理由を説明する	なぜ価格が高いのか理由を伝え、価格の妥当性を説明する。
5	他社よりも高い理由を説明する	他社より高くても、それ以上の価値やメリットがあることを説明する。

「あちらの提案ではもう少し価格が抑えられていたんだけど、御社は高いですね」と言われたら、やはりそれだけのメリットや価値があることを説明しなくてはいけません。

「○○と我が社の車を比較すると、燃費が圧倒的に違います。リッター当たり少なくとも五キロは違うので、よく遠出をされるお客様でしたら、こちらの車のほうがよろしいかと思いますが」というような説明をし、お客様を納得させるわけです。

価格への抵抗が取り除けないお客様への対処法

前に挙げた五つのパターン以外で価格への抵抗を示すお客様もいるでしょう。「この値段だと妻に反対されるかもしれない」、「これは何となく高いし、ちょっと買えないな」など、いろいろなお客様がいるはずです。

前の五つの方法で価格への抵抗を取り除けない場合、ひとまず価格の話を止めてしまうのが得策です。

「分かりました。それでは値段の話は一旦さておきまして、何か他に購入の妨げになっているものはございますか」

と、価格以外の問題点を確認するのです。するとお客様は「いや、価格の他はとくにないんだけれど、燃費もいいし、デザインも好みだし」と答えるでしょう。要するに、価格以外に問題がないことを自分自身で確認するわけです。すると、お客様の購入動機はさらに高まります。

もちろん「価格以外にもこの部分が心配だ」、「燃費が良くない」など、いろいろな問題点を挙げるお客様もいるはずです。その場合は問題点を確認した上で「今日、お申し込みいただくために我々がお手伝いできることはありますか」と尋ねてみましょう。

すると「こうしてくれれば買えるんだけれど」と、お客様から購入の条件が出てきます。

購入の条件はお客様によってさまざまでしょう。「妻がいるときに同じ話をしてほしい」という人もいれば、「このサービスは要らないから、その分、価格を下げて欲しい」という人もいます。

こうした条件を知らないまま「価格をもう少し下げましょうか」と値引き交渉をしても、クロージングはうまくいきません。購入の条件を提示してもらうことは、お客様からクロージングのための「答え」を教えてもらっていることに他ならないのです。

購入の条件を提示してもらったら、その条件に従って「分かりました。ではそのようにさせていただきます」と言いましょう。苦労することなくクロージングが終わってしまうはずです。

七つの手法を駆使してクロージングメッセージを伝える

クロージングは一回やればいいというものではありません。申し込みに至るまで、平均して五回はクロージングのメッセージを送る必要があります。

お客様に一回断られたら「すみません。では、また改めて」と逃げ帰ってしまう営業マンは少なくないでしょう。しかし、そこであきらめてしまっては、商品は売れません。少なくとも五回は「いかがでしょうか。申し込んでいただけますか」と、クロージングのメッセージを送らなくてはいけないのです。

「そんなにクロージングをしたら、お客様にしつこいと思われるのではないか」なんて心配は無用です。

真剣に相手のニーズを満たそうと、自信と情熱と誠実さを持って五回もクロージングしてもらったお客様は、「この人は本当に自信を持っているのだな。申し込んでもらいたいのだな」と感じます。しかし一、二回で止められてしまうと「本当は商品に自信がないのではないか」、「情熱を持っていないのではないか」と失望するでしょう。

お客様に失望されないためにも、少なくとも平均で五回のクロージングが必要なのです。

とはいえ、「買いませんか」という決まり文句を馬鹿の一つ覚えのように繰り返すのは考えものでしょう。クロージングには種類があり、その場面、お客様が示したサインに応じてもっとも効果の高いクロージングを、会話の流れのなかで自然に、気楽な感じで行うべきです。

ここでは、ブライアンが提唱している七つのクロージング手法を紹介しましょう。

① 勧誘のクロージング

たとえば嬉しそうな表情をしたお客様に対しては、「いかがですか。お試しになってみませんか」と声を掛けるべきでしょう。「お試しになってみませんか」と言われたお客様は「ちょっと使ってみようか」と考えます。

これは勧誘のクロージングと呼ばれているもので、七種類あるクロージング手法のなかでもっとも一般的なクロージングです。

② 承認仮定のクロージング

二つ目は承認仮定のクロージングで、お客様が「はい」と答えることを前提としたクロージング手法です。

たとえばお子様用の教材を販売するとき、お客様のお子様が気に入った様子を見せたとしましょう。そのときに「だいぶお気に召していただけたようですし、いつお届けしましょうか」とクロージングをかけるのです。

お客様は「いやいや、ちょっと待ってよ」と言うでしょう。しかし、もしかしたら「そうだなあ、子どももずいぶん気に入っているし、買ってみようか。いつ届けてくれるの」と購入を決めてくれるお客様もいるかもしれません。

お客様のなかには「ＯＫ」という返事のきっかけを待っている人もいるのです。そういう人には会話の端々できっかけを与えてあげることが非常に大切です。

③選択のクロージング

そして三つ目が選択のクロージングという手法で、お客様が購入することを前提に「ＡとＢ、どちらがよろしいでしょうか」と選択を迫ります。たとえば車なら「通常のタイプと、四駆のタイプ、どちらをお選びになりますか」と言うわけです。

選択肢を二つに限る必要はなく、三つの選択肢を用意しても構いません。

高い商品を先に提案しておくと、あとのものが購入しやすくなるという話を聴いたことがあるでしょう。実際、不動産業などではこの方法がよく使われており、二、三の物件を回るときは必ず、「高くて今ひとつ」の物件から連れていかれます。

するとお客様は「この値段でこの部屋か…」と、愕然とするでしょう。しかし、その後に価格が安くて、そこそこきれいな物件を回れば「さっきの部屋よりもずっといい」と、良い印象を持ちます。

そこで不動産業者は「どちらになさいますか」とクロージングをかけるわけです。

そして「二番目の部屋」と答えたお客様に対し、「値段の割に明るくてきれいなので、非常に人気のある物件なんです。最近、このエリアの家賃は上がっているので、この値段の物件はなかなかありませんよね」と説明します。その結果、お客様は「ここで決めてしまおうか」と考え始めるのです。

これも選択のクロージングの一つと言えるでしょう。

④二次的クロージング

四つ目が二次的クロージングで、お客様が購入することを前提に些細な点での選択をさせる方法です。車を販売する場合なら「もしご購入されるとしたら、シートは革張りにされますか。それともこちらのほうがお好きですかね」とか、「車体は何色がお好みですか」などと、色や仕様を選択させます。

システムキッチンを販売する場合なら「ＩＨがお好きですか、それともガスがお好きですか」とか「オーブンは電子レンジ機能付きがいいですか、それともオーブンだけのほうがよろしいでしょうか」などと尋ねるわけです。

本質的な意思決定ではないので、お客様は気軽に意思決定してくれるでしょう。「ＩＨも良いけれど、停電のことを考えるとガスがいいかしら」と迷うお客様がいれば「弊社のシステムキッチンはこういう組み合わせが可能でして…」と説明します。お客様は「それなら、その組み合わせが良いよね」となるはずです。

こうして些細なことを少しずつ選択させ、最終的にお客様に申し込んでいただく方法を、二次的クロージングと言います。

⑤ 子犬のクロージング

そして五つ目が子犬のクロージングで、「商品をお試しいただいてお気に召さなければ返却可能です」と、お客様に無料で商品を試す機会を提供する手法です。

ペットショップで子犬を購入しようか迷っているお客様がいるときに「よろしければ週末、ご自宅で一緒に過ごされてみてはいかがでしょう。もちろん無料ですし、お気に召さなければ月曜日にお返しいただいて構いません」というわけです。

お客様にその提案を断る理由はないでしょう。「相性もありますから、ぜひ」と勧められれば「そうですね」と子犬を連れて帰るはずです。そして週末の二日間を子犬と一緒に過ごせばもう離れられなくなり、子犬の購入を決定するわけです。

子犬のクロージングは、お客様に試していただいて欲しくなる商品を販売するときに非常に効果的な方法と言えるでしょう。ウォーターサーバーや掃除用具のレンタル業者はよく、「二週間、無料でお試しください。二週間後にまた来ますから、お気に召さなければそのときに引き取ります」というセールスを行いますが、まさにこの手法を利用しているわけです。

⑥ベンジャミン・フランクリンのクロージング

六つ目がベンジャミン・フランクリンのクロージングです。これは商品を購入するメリットを自らがリストアップしたあと、デメリットをお客様に書き出させ、両者を比較することで購入の意思決定をさせる方法です。

投資しようかどうか悩んでいるお客様に対し、「だいぶお悩みのようですね。確かになかなか簡単な投資ではありませんし、意思決定は難しいですよね。実は、こういう場合にどう意思決定するか、ベンジャミン・フランクリンが提唱している方法があります。良かったら試してみませんか。この方法はお仕事にも役立つと思いますよ」と言えば、お客様は「その方法を試してみようか」と考えるでしょう。

そこで紙とペンを取り出し、投資をするメリット、投資をすべき理由を「先ほどこうおっしゃっていましたよね。今まで投資していた○○が必要なくなりますよね」などと言いながら、営業マンがどんどんと、五つも六つも書き出すのです。

そして一通りリストアップしたら、その紙をお客様に渡して「もしもデメリットがありましたら、そこに書き込んでいただけませんか」とお願いします。お客様はデメリットを書き出そうとするでしょう。しかし、どんなに多くても二つか三つで終わってしまいます。

すると「メリットとデメリットを比較してみるとどうでしょうか。今回はどう判断すべきか、何となく決まったのではありませんか」という話になるはずです。

⑦ 注文書のクロージング

そして最後の手法が注文書のクロージングで、あらかじめ注文書を作成してお客様に提出する方法です。

注文もしていないのに注文書を提出されたお客様は当然、「ちょっと待ってくれ。まだ申し込むと決めたわけじゃない」と言うでしょう。そこで「大丈夫です。もし申し込みされない場合は、私のほうで廃棄させていただきますから。ただ私は記憶力に自信がないので、お客様のご希望を漏れなく理解できているかどうか、こちらで確認させていただいてよろしいでしょうか」と言うのです。

するとお客様は「まあ、それなら…」と注文書の内容について話を始めるでしょう。いきなり注文書を提出するなんて無茶な方法に思うかもしれませんが、笑いながら「記憶力が弱いので」、「忘れっぽいので」といったひと言を添えれば、問題はありません。

そして注文書でお客様が商品を購入するメリット、購入すべき理由を再確認したら、「もしご注文いただけるようであれば、こちらに正式なご住所をいただいてよろしいでしょうか」などと、クロージングします。

生命保険を販売するとき、いきなり保険の設計書を見せられて驚いたという経験を持つ人も少なくないでしょう。まさに注文書のクロージングの手法を利用しているわけです。

ここまでにブライアンが提唱する七つのクロージング手法を紹介しましたが、この他にもさまざまなパターンのクロージングがあります。どのクロージング手法を使うかは、自分が扱っている商品やその価格によって工夫する必要があるでしょう。

どんな商品、サービスにも使いやすいのは、勧誘のクロージング、承認仮定のクロージング、選択のクロージングです。こうした手法を駆使しながら、少なくとも平均五回のクロージングを自然に行うことが、クロージングの基本となります。

ただし、クロージングでもっとも大切なのは、お客様の購買意欲が十分に高まっていることです。その前提がなければ、どんな手法を用いてもクロージングはスムーズに進みません。

逆にお客様の購買意欲が十分に高まり、プレゼンテーションの段階で「頼むから売ってくれ」という状態になっていれば、コミュニケーションをする中で自然にクロージングを行い、申し込みをいただくことができるでしょう。

たとえばお客様から「配送はどうなっているんだっけ」、「分割で支払うとどんな感じになるの」、「他にも色はあるの」という話が出てくれば、「それはこうなっております。いかがですか。お試しになってみませんか」と言うだけで、とてもスムーズにクロージングが終わってしまいます。

要するに、ラポール→信頼構築→ニーズ把握→プレゼンテーションというステップを確実に踏ん

図22　7つのクロージング手法

1	勧誘のクロージング	「お試しになってみませんか」など、勧誘するメッセージを伝える。
2	承認仮定のクロージング	お客様が「はい」と答えることを前提に、「はい」と答えるきっかけとなる声掛けをする。
3	選択のクロージング	お客様が購入することを前提に、タイプの異なる複数の選択肢を与える。
4	二次的クロージング	お客様が購入することを前提に些細な点での選択をさせる。
5	子犬のクロージング	お客様に無料で商品を試す機会を提供する。
6	ベンジャミン・フランクリンのクロージング	商品を購入するメリットを自らがリストアップしたあと、デメリットをお客様に書き出させ、両者を比較することで購入の意思決定をさせる。
7	注文書のクロージング	あらかじめ注文書を作成してお客様に提出する。

でいれば、クロージングにウェイトを置く必要はないのです。クロージングのテクニックをを学び、どんな場面でも気負ったり、緊張したりすることなくクロージングできるようになることは、気持ちよく申し込めるという意味において、お客様にとっても価値あることなのです。

まとめ

Summary

クロージングするタイミングを教えてくれるのはお客様が示す七つのサイン

価格への抵抗を取り除き、お客様の支払意欲を高める

少なくとも五回のクロージングメッセージを伝える

Part2

第2部

ブライアン・トレーシーのセールス

厳選された7つのコンセプト

第7章

Chapter7

達成の心理学

Psychology of Achievement

人一倍勉強しているのに、成果がいっこうに上がらない…

証券会社で営業の仕事をしている佐々木さんは、自他ともに認める勉強家です。暇さえあればビジネス書や雑誌を読みあさり、セミナーや社外勉強会、ビジネス交流会にも積極的に参加しています。

周囲の人たちからは、佐々木さんは知識もテクニックも豊富な超一流のビジネスパーソンであり、誰よりも実績を上げているように見えるでしょう。

しかし残念なことに、現実は周囲の予想とまったく違いました。佐々木さんの営業成績は今ひとつで、どんなに勉強を重ねても、成果はいっこうに上がらなかったのです。

弊社の主催するセミナーにも参加してくれた佐々木さんは、

「すごく内容の濃いセミナーでした。ただどんなに素晴らしいセミナーを受けても、どうせ営業成績は上がらないんですよね。

私にはもともと営業の素質とか才能がないから、何をやっても無駄なんです」

とあきらめた口調で言いました。そこで私は、

「佐々木さんに足りないのは営業マンの素質とか才能ではありません。本当はできる人であるにも

かかわらず、『自分は売れる営業マンだ』という自己イメージが足りないのです。

『どうせ自分には営業の才能がない』と思い込んでいたら、どんなマーケティング施策、コミュニケーション技術を使ったって、商品は売れるようになりませんよ」

とアドバイスしたのです。

佐々木さんのように、人一倍真面目で勉強熱心なのに、営業成績や成果がそれに伴わないという悩みを抱えている人は少なくないでしょう。

実際、弊社のお客様のなかにも「今まで数えきれないほどのマーケティングセミナーに参加してきました。世界最高峰の営業理論も学びましたし、バイブルと言われる本も二〇回は読んでいます。それでも未だに業績は上がりません。何を学べばいいのかよく分からなくなってきました」という方がときどきいらっしゃいます。

その悩みを解決するためには、「自分はできない」、「成功しない」という否定的な自己概念を捨て、自分を信じるしかありません。自分を信じれば信じるほど、大きな成果が上がるようになるでしょう。

自分を信じることこそ、究極の「勝手に売れる力」を手に入れる方法に他ならないのです。

ビジネスの成果を決定する最大の要因は「自己概念」

最近は自己啓発に熱心なビジネスパーソンがたくさんいらっしゃいます。「役に立ちそうなセミナーにはできる限り参加していますし、ビジネス書も時間の許す限り読んでいます。マーケティングやコミュニケーションに関しては半年間の講座に通って勉強しました。ビジネススキルやノウハウの習得にも熱心に取り組んでいます」という人は珍しくないでしょう。

しかし同時に、「それだけ頑張っているのに、どうしても営業成績が上がりません」という人も少なくないのではないでしょうか。

もちろん自己啓発によってものすごい成果を上げている人はたくさんいます。しかしその一方で、同等、もしくはそれ以上の勉強をしてもまったく成果が上がらない人も少なからずいるのです。

では、成果が上がらない人はどうすればいいのでしょうか。

ブライアンは、どのくらいの成果を上げるのかを決定する最大の要因は「自己概念」である、としています。

そもそも人は誰でも計り知れない潜在能力を持った存在であり、それを活かせば驚くほど成果を上げられるはずです。

ところが、その潜在能力を十分に活用している人はほとんどいません。それどころか、潜在能力の一〇％も使っていない人が大部分です。これが、どんなに勉強しても成果が上がらない人がたくさんいる理由と言えるでしょう。

では、潜在能力の何％を使うかはどうやって決まるのでしょうか。

ブライアンによれば、自分がどのくらいの潜在能力を使うかを決定し、ひいてはどのくらいの成果を上げるのかを決めているのが「自己概念」なのです。

自己概念とは、自分の性格や能力、身体的特徴などに関して持っているイメージや考えのことです。誰でも自分自身について「自分はこういう人間だ」と思っていることはあるでしょう。それが自己概念に他なりません。

たとえば一般的に多くの男性は「自分は車の運転がうまい」もしくはうまい人でありたいという自己概念を持っています。「自分は運転がうまい」というイメージを持っている男性は、「運転が下手な自分」は絶対に許せないでしょう。

その結果、その男性は「運転がうまい自分」であり続けようとするのです。それと同時に、「運転のうまい自分」を否定する人に対して必死に抵抗するようになります。運転中に助手席から「もっとこうしたほうがいいんじゃないの」と言われた瞬間、「うるさいな」とイライラした経験のある男性は少なくないはずです。

車の運転の他にも、文章能力が高い、コミュニケーションがうまい、運動が得意、誠実である、人から優しいと言われる、など、人によって「自分はこういうところができる」と思っている部分は違うでしょう。

しかしそれがどんなことであれ、「できる」と思っていることに関しては「できる自分」であろうとするし、「できること」を否定する人には徹底的に抵抗するのです。

なぜなら「自分はこういうことが得意な人間」であり続けるほうが、居心地がいいからです。人は自分の居心地がいい状態を維持するために、「できる自分」として振る舞おうとします。

その結果、その人は潜在能力を発揮します。つまり「自分は○○ができる」という自己概念が潜在能力の大部分を使うことを決めるわけです。

ただし「○○ができる」、「○○が得意」というプラスの自己概念もあれば、「○○はできない」、「○○は苦手」というマイナスの自己概念もあるでしょう。

「○○はできない」という自己概念を持っている場合、人はほとんど潜在能力を使いません。「自分は○○ができない」という自己概念が、潜在能力を使わないことを決めてしまっているわけです。

どういう自己概念を持っているのかは、人それぞれです。「○○ができる」というプラスの自己概念のほうが多い人もいれば、「〇〇が苦手」というマイナスの自己概念のほうが圧倒的に多い人もいます。

すなわち、潜在能力を十分に使っている人もいれば、まったく使っていない人もいるわけです。一〇％程度の潜在能力しか使えていないというのは、その平均値に過ぎません。

ただし「どういう自分」として振る舞うか、どのくらいの潜在能力を使うかを決めているのは、他でもない自分自身です。もしも「どんなに頑張っても成果が上がらない」という悩みに直面しているなら、「自分は仕事で成功する」という自己概念が持てていないことが大きな原因のひとつでしょう。「自分は売れない営業マンだ」という勝手な思い込みが、本来なら持っているはずの豊かな潜在能力の発揮にブレーキをかけているのです。

潜在意識に刻み込まれた自己概念を書き換える

潜在能力を活用し、一〇〇％の実力を発揮するためには、自己概念が非常に重要な役割を果たしていることがお分かりいただけたでしょう。

もちろん「セールスを成功させるためにはこういう台詞が有効」とか「マーケティングでこうい

う施策をすべき」という知識は必要ですし、それを実践することも大切です。

しかし最終的にその営業テクニックが功を奏してセールスが成功するかどうか、マーケティング施策によって業績がアップするかどうかは、自己概念によって決まります。「自分は売れない営業マンだ」という自己概念を持っている限り、どんなに素晴らしい知識を学び、技術を習得したとしても、成果は上がらないでしょう。

どういう成果が得られるかは、「何をするか」ではなく「自分が成功すると信じられるかどうか」によって決まってしまうのです。なぜならば、自己概念によって、「何をするか」の内容の質と量が決定的に変わってくるからです。

それではどうしたらこれまでの自己概念を取り払い、「自分は成功する」と信じられるようになるのでしょうか。

非常に有効な方法としてブライアンが強く勧めているのが、アファメーションです。

アファメーションとは、自分が「○○したい」、「○○になれば良いな」と思っていることを「○○できる」、「○○になる」と断定し、繰り返し唱えることで、これまでの人生で潜在意識に刻み込まれてしまった自己概念を変える方法です。

人がどういう自己概念を持つようになるかは、子どものころ、とくに○〜三歳までに受けた教育が大きく影響すると言われています。その時期に親から「出来が悪い」などの否定的な言葉をかけられて育つと、自分は出来が悪いという自己概念が形成されてしまうわけです。

こうして形成された否定的な自己概念を、肯定的な自己概念に変えるときに使われるのが、アファメーションなのです。

アファメーションを実践するときに大切なのは、声に出して唱えることです。自分は成功するということを常に思い浮かべられるような言葉、ポジティブな感情になるような言葉を声に出し、脳にインプットし続けましょう。

人間の脳は五感を通じて情報収集しますが、その情報が単なる「イメージ」であるか「現実」であるかは区別できません。「自分はマーケティングで大成功して収入が一〇倍に増えた」という情報が、勝手にイメージしたものなのか、現実に起こったことなのか、脳の中の情報処理において、区別がつかないのです。

ですから「自分は成功する」と信じられるようになるためには、自分が成功するイメージを脳にインプットし続け、自分を信じる力を育てることが大切です。

まずは「自分はすごくうまくいっている。今までも成功しているし、営業も得意だ」と自分で声に出してみましょう。その言葉は耳に入り、その情報は脳に届きます。すると脳はそれが「イメージ」か「現実」かを区別しないまま、その情報を受け取るのです。

これを続ければ、脳は「自分は成功している。自分は営業もできるし、申し込みもどんどん入ってくる」と信じるようになるでしょう。その結果、脳のなかに新しい自己イメージが形成され、そのイメージに近い自分であるように振る舞い始めます。もちろん、アファメーションをして、数週間、数ヶ月程度では、「でも現実は違う。実際はうまくいってないし…」と思ってしまうことがあるかもしれません。でも、いつかそうなると信じて、続けていれば、数年後には、信じられない程の変化や成長を実感できるようになるはずです。

成功していない自分が許せなくなり、失敗をすると「自分としたことが珍しい」と思い、うまくいけば「やっぱりな」と思うようになるのです。成功している自分であり続けるために、それまで眠っていた潜在能力も発揮するようになるでしょう。

そういう自分を作り上げることができれば、確実に成果は上がり、営業でも、ビジネスでも成功を手にすることができるようになります。これがブライアンが伝えている達成の心理学です。

絶大なアファメーションの効果

実際、ビジネスの世界で大きな成功を収めている方で、私が今までにお会いした方は例外なく、アファメーションを実践されています。

以前、薩摩藩島津家の末裔の島津光二氏の講演を聴く機会に恵まれました。島津氏は、日本の産業の近代化、経済の発展を支えた実業家の一人として知られる鮎川義介氏を資金面で支えた人物で、サンフランシスコ講和条約締結後、初めて日本人留学生として緒方貞子氏らとアメリカに渡ったという経歴の持ち主です。

アメリカ留学後、一九五八年には、当時世界最大の銀行であったバンク・オブ・アメリカの幹部として来日し、日産、日立などの大企業に融資し、戦後の日本復興に貢献しました。当時、島津氏はまだ二八歳の若さで日本人初・最年少のアジア極東幹部だったというのですから、本当に素晴らしいことです。

氏は講演中、八一歳とは思えないほどはつらつとした声で話し、大きな声で笑っていました。そして「僕は八一歳だけど、ものすごく元気でしょう。何をやったらこんなに元気になるか、どうやったらこういう成果を出せるか、秘密を教えましょうか。実はね、毎朝、今から言う言葉を自分に向かって唱えているんですよ」と言って、「今日も一日明るく元気で頑張って、僕はもっともっと成功する」といった言葉を英語で教えてくれたのです。

要するに、島津氏の元気の秘訣は、毎朝のアファメーションだったわけです。

島津氏に限らず、ビジネスで成功している人、素晴らしい実績を残している人はみんな、アファメーションを実践しています。そんな話をすると「あやしい」と一般的には言われてしまうので誰も言いませんが、成功している人は実行しています。

たとえば日本では以前から、中村天風先生の心身統一法が実践されてきました。

天風先生は明治から昭和にかけて活躍した日本初のヨーガ行者で、天風会を創始した人物です。「思考が人生を創り、感情が運命を左右する。だからこそ思考を積極化することが人生を創り変えることに通じ、感情を統御することが自らの運命を自らの手で拓くことになる」と説き、思考を積極化する方法として心身統一法を紹介し、日本中に広めました。

そして思考を積極化するときの基本として、天風先生は「積極的肯定的な言葉を使うこと」を提唱したのです。天風先生は自身でも、人生を切り拓くための言葉、人が正しく生きるための心得として数々の誦句をつくりました。

たとえば、

「今日一日　怒らず　恐れず　悲しまず
正直　親切　愉快に　力と勇気と信念とを持って
自己の人生に対する責務をはたし
常に平和と愛とを失わざる　立派な人間として活きることを
厳かに誓います」（中村天風　誓いの言葉）

というように、自分の人生を良くするため、自己概念を高めるための言葉が誦句集としてまとめられているのです。

こうした誦句を唱えて思考の積極化に成功した人は数えきれません。実際、原敬氏、ロックフェラー三世、松下幸之助氏、稲盛和夫氏、永守重信氏など、戦前戦後に各界の頂点を極めた成功者たちが、中村天風先生に師事しており、昭和日本の発展は中村天風先生の哲学によってもたらされたと言われるほどです。

誦句を唱えるのは、アファメーションと同じことです。アファメーションという言葉がまだなかった時代でも、各界の成功者はみんなアファメーションを実践していたわけです。アファメーションの効果、言葉の力がいかに大きいか、お分かりいただけるでしょう。

言葉は慎重に選択する

アファメーションを実践するときに注意が必要なのは「私は成功する」という言葉です。

自己啓発のセミナーなどでときどき「私は必ず成功する」と言いましょう、とアドバイスを受けることがありますが、「必ず成功する」という言葉の裏を返せば「今は成功していない」ということに他なりません。今は成功できないけれども、一〇年後か二〇年後、もしかしたら一〇〇年後かもしれないけれど、必ず成功するという意味合いが言外に含まれているのです。

「必ず成功する」と唱え続ければ、無意識のうちに「今はダメだけれど、いつか必ず成功する」という自己否定の情報も脳にインプットされてしまうでしょう。そうなってしまっては、せっかくのアファメーションが無駄になってしまいます。

「成功する」イメージをインプットしたいなら、「私はますます成功する」という言葉のほうが適当でしょう。「ますます成功する」という言葉には、「今も十分にうまく行っているけれども、これからますます成功する」という意味が含まれます。

同様の理由で、「今日はいい日だ」と唱えるときは、「今日もいい日だ」という言葉を使うわけです。

言葉としては微妙な違いですが、その言葉によって形成される自己イメージは大きく変わってきます。言葉の力は大きいだけに、唱える言葉は慎重に選ばなくてはならないのです。

自分を信じられるようになればお客様が好きになる

ネガティブな自己概念を取り除き、自分を信じられるようになれば、成果が上がるようになります。すると自信が湧き、楽しく仕事に取り組めるようになるでしょう。その結果、良い状態を維持できるようになるのです。

するとお客様に会うのが楽しくなり、お客様が好きになります。

「自分は営業が得意。セールスはうまくいく」ということは、お客様に会えば売上が上がり、自分の営業成績が上がるということに他なりません。そうなれば、お客様のことを嫌えるはずがないと思いませんか。

反対に「自分は営業が苦手」だという意識があれば、お客様に会う度に「また今回も断られるのではないか」、「クレーマーが多いのではないか」というお客様への不信感を覚えます。お客様に断られれば自分自身がお客様から否定されているような気持ちになり、お客様に対して嫌な印象を持ってしまいかねません。

自分や商品に自信を持ち、ビジネスを成功させている人なら、お客様が商品を買おうと買うまいと、まったく意に介しません。たとえ断られても、心から「お越しいただいてありがとうございました」と感謝することができるのです。

「そんなのはきれいごとだ。長い時間と労力をかけたあげくに断られれば、感謝なんかできるはずはない」と思う人もいるでしょう。しかしすべてのお客様に商品を買っていただけることはあり得ません。買ってくれる人もいれば、断る人もいるのが当たり前です。

たとえば一〇人のお客様が来たら、そのうちの二人が商品を購入してくれるとしましょう。お客様一人当たりの購入単価は一二万円だとしたら、合計売上は二四万円です。すると、断った八人のお客様の価値は本当に〇円なのでしょうか。

もしも八人の断ってくれるお客様がいなければ、二人のお客様に商品を購入していただけることはなかったでしょう。二四万円の売上を上げるためには八人の「お断りが必要」だったのです。

そう考えれば、断ったお客様一人ひとりにも三万円分の目に見えない価値があるわけです。ならば、買わなかったお客様にも感謝し「お越しいただきましてありがとうございました」と言えるのではないでしょうか。

もしも感謝ができないとすれば、それは自分や商品に自信がないからに他なりません。「自分は営業が苦手」と思っていて、いつ売れるのか、必ず売れるのか自信がないから、断られるとついお客様を責めてしまうのです。

「自分は営業が得意」と信じている人からすれば、一〇人のお客様のうち二人には絶対に買ってもらえるのだから、たとえ断られても焦ったり、腹を立てたりする必要はありません。八人のお客様に断られて初めて二四万円の売上が上がると信じているからこそ、すべてのお客様に感謝し、寛容な態度でお客様に接することができます。お客様に対してより良いサービスを心がけるようになるでしょう。

その結果、「自分は営業が得意」と信じている人はもっと商品が売れるようになるのです。自分をもっと信じられるようになり、お客様をもっと好きになります。お客様はますます快くサービスを受け取ってくれるようになるでしょう。当然、成果はどんどん上がっていきます。

要するに、自分に自信を持ち、お客様を好きになった瞬間から、非常に良い循環が生まれるのです。

これは第一部でご紹介したジェイ・エイブラハムが提唱する「卓越の戦略」につながります。ジェイは「今のビジネスでより高い目的を理解しない限り、あなたの潜在能力をフルに使うことはできない」と言っていますが、まさにその通りです。

まずは自分自身を信じ、そしてお客様のことを好きになり、お客様のために最大限のことをしてあげられるようにならない限り、潜在能力を発揮することはできないのです。

自分との信頼関係の構築がすべての前提

自分を信じることとは、お客様とうまくコミュニケーションをとるための大前提です。

自分を信じることができなければ、相手を信じることもできないでしょう。それでは強固な信頼関係を構築するどころか、ラポールを築くことすら不可能です。

お客様のニーズを把握しようにも、自分自身に対する確信がなければ安心して相手の話を聴くことができません。

何とか言葉を拾い上げられたとしても、それは表面的なニーズに過ぎず、その裏にある潜在的なニーズまで理解するのは難しいでしょう。「また断られるのではないか」と思った瞬間、お客様の個人的な立場や背景まで考慮しよう、お客様の本当のニーズを満たしてあげたいという思いやりの気持ちがなくなるからです。

その結果、本質的なニーズに辿り着かないまま、プレゼンテーションのステップに進むことになります。「どうせこのプレゼンテーションも断られるのではないか」とプレゼンテーションをすれば、商品のメリットも自信を持って伝えられません。それどころか、お客様に断られるよりも先に「やっぱり、高いですよね」などと、墓穴を掘ってしまいます。

当然、五回もクロージングのメッセージを伝えることはできないでしょう。お客様に一回断られた瞬間、その場から逃げるように帰っていきます。自分を信じられなければ、セールスのステップを一つひとつ踏んでいくことはできないのです。

自分との信頼関係を結ぶことがいかに重要か、お分かりいただけるでしょう。

しかし現実には、他人との信頼関係は重視するのに、自分との信頼関係はないがしろにしている人が少なくありません。たとえば早く出勤しようと決めたのに、お客様とのアポイントメントなら何とか守れるけれども、朝はつい寝坊して会社に遅刻ギリギリに出勤してしまうという人がいるでしょう。他人との約束は守るのに、自分との約束は守れないわけです。

これは、自分との約束は守らないでいられてしまうからに他なりません。でも本当は、自分との約束を守り、自分との信頼関係を構築することこそが、卓越の戦略や、強固な信頼のピラミッドにつながっていくのです。

まずは自分との小さな約束を守ることから始めましょう。小さな約束を守り、小さな成功を勝ち取ることによって、自分との信頼関係が少しずつ構築されていきます。

誰でも実行可能な、とても簡単な約束で構いません。あまり大きな約束をしてそれを守れなければ、脳には「自分は約束を守れない」というイメージがインプットされてしまうので、逆効果です。どんなに小さな約束でも、その約束を守れたという達成感を毎日少しずつ積み重ね、自分を信じる力を育てていくことが大切です。

たとえば「遅刻せずに会社に行く」という約束でもいいでしょう。「そんなことは当たり前」と思うかもしれませんが、朝、毎日同じ時間に起床して身だしなみを整え、電車に乗ってオフィスに向かうというプロセスを毎日すべて完璧にこなすのは、実際はけっこう大変なことです。

遅刻せずに会社に行くと約束して、それを達成すると、脳には「自分ができた」という情報が残ります。それを毎日続ければ、脳は「自分はできる」と信じるようになるでしょう。

その結果、自分を信じる力が育ち、「成功する自分」がどんどん形成されていくわけです。

トライアッドで自分への信頼をさらに高める

自分を信じる力を高める方法として、アファメーションと自分との小さな約束を守る方法を紹介しましたが、この二つに共通するのは、脳に「自分はできる」というイメージをインプットし続けることです。

脳は五感を通じて情報を収集しますから、「自分はできる」というイメージをインプットする方法をアファメーションや自分との約束に限る必要はないでしょう。むしろ五感をフルに活用し、常に「自分は成功する」という情報を脳に送り続けることで、自分への信頼はさらに高まるはずです。

お客様とラポールを築くときにはトライアッドで今を共有することが有効という話をしましたが、自分との信頼を構築するときにもトライアッドが使えます。つまり、フォーカス、ランゲージ、フィジオロジーの三つ、つまり焦点を当てて見ているもの、言葉の使い方、身体の使い方を通じて、脳に「自分はできる」という情報をインプットするのです。

実際、アファメーションは「言葉の使い方」を通じて、脳に情報をインプットする方法に他なりません。

そしてサクセスストーリーを描いた映画やドラマなど見て、自分が成功するイメージを脳にインプットするのは、フォーカスを利用した方法です。

アクション映画やヤクザ映画を見ると、「もしかしたら自分もああいう風になれるのではないか」という気持ちになることがあるでしょう。映画館から出てくるときの雰囲気がいつもと違っている人は少なくありません。

これは映画を見ることで「自分は強い」という情報が脳にインプットされたからです。脳には試合や戦いに勝ったシーンだけが残り、それがイメージであるか、現実であるかは区別しません。そういう映像に触れ続ければ、脳は「自分は強い」と信じるようになるでしょう。

それと同じで、誰かがビジネスで成功をおさめているシーンや、お客様から注文をいただいたシーンなどに触れ、それを脳にインプットすることは非常に効果的なのです。

また、座り方や歩き方をそのままモデリングするのはセルフイメージを高めるときによく使われる手法ですが、これは身体感覚を通じて情報をインプットしているわけです。

スポーツ選手を観察すると、気をつけの姿勢をしたときの胸の中心ポイントが一般の人よりも高い位置にあることが分かるでしょう。なぜなら、このポイントを少し高くするだけで、自分のなかに自信が漲《みなぎ》り、元気が出るからです。実際に自分で比較してみるとよく分かるはずです。

このように立ち方を真似するだけでもセルフイメージは大きな影響を受け、自信が湧いたり、モチベーションが上がったりします。モデリングの効果は想像以上に大きいのです。

まずは自分の周囲の売れている営業マン、自分が目標とする営業マンの立ち居振る舞いを真似てみましょう。上司でも同僚でも構いません。プレゼンテーションやクロージングをするときの姿勢を真似るだけでも、成果は大きく変わってくるはずです。

ちなみに、フォーカス、ランゲージ、フィジオロジーのうち、二つ以上の情報を同時に脳にインプットすれば、相乗効果が得られます。

たとえば「ますます成功する」と唱えながら、商談が成功して楽しそうにしているシーンを思い浮かべます。すると脳にはより一層、そのイメージが定着します。より強く「自分はますます成功する」と信じられるようになり、そういう自分であるように振る舞おうとするでしょう。するとその言葉の通り、ますます成功していきます。

すなわちこれが、「勝手に売れていく人の秘密」です。そしてそれは、卓越の戦略の実践や信頼のピラミッドの構築という、真剣な努力の積み上げによって得られる、人生の果実なのです。

まとめ

成果が上げられるかどうかは、「何をするか」ではなく「自分が成功すると信じられるかどうか」によって決まる

自分を信じればお客様が好きになり、卓越した存在に近づける

自分への信頼関係の構築がすべての前提

[著者]
清水康一朗（しみず・こういちろう）
ラーニングエッジ株式会社代表取締役社長。
1974年、静岡県生まれ。慶應義塾大学理工学部卒業後、人材業界のベンチャー企業に入社。その後、外資系コンサルティング会社にて数々のプロジェクトを担当し、成功を収める。2003年、ラーニングエッジ株式会社を設立。世界中のセミナーや講演会を幅広く紹介するサイト「セミナーズ」を立ち上げ、今や日本でナンバーワンの登録数をもつセミナー業界最大のポータルサイトに成長させる。

ラーニングエッジ株式会社　http://www.learningedge.jp/
セミナーズ　http://www.seminars.jp/

ジェイ・エイブラハム公式サイト　http://jayabraham.jp/
ブライアン・トレーシー公式サイト　http://briantracy.jp/

信頼と卓越の戦略
勝手に売れていく人の秘密
マーケティングと営業 <7+7>の法則

2012年3月8日　第1刷発行
2015年10月28日　第5刷発行

著者―――清水康一朗
発行―――ダイヤモンド社
〒150-8409　東京都渋谷区神宮前6-12-17
http://www.diamond.co.jp/
電話／03･5778･7235(編集)　03･5778･7240(販売)
編集協力――橋本淳司
リライアンス
装丁―――斉藤重之
制作進行――ダイヤモンド・グラフィック社
印刷―――信毎書籍印刷(本文)・共栄メディア(カバー)
製本―――本間製本
編集担当――花岡則夫

ISBN 978-4-478-01746-3